U0624539

中華古籍保護計劃

ZHONG HUA GU JI BAO HU JI HUA CHENG GUO

·成果·

元本吴越春秋

(漢)趙曄　撰　(元)徐天祜　音注

國家圖書館出版社

圖書在版編目(CIP)數據

元本吴越春秋 / (漢)趙曄撰;(元)徐天祜音注.—北京:國家圖書館出版社,2020.1

(國學基本典籍叢刊)

ISBN 978-7-5013-6488-6

Ⅰ.①元… Ⅱ.①趙… ②徐… Ⅲ.①中國歷史—吴國(?—前473) ②中國歷史—越國(?—前306) ③《吴越春秋》—注釋 Ⅳ.①K225.04

中國版本圖書館CIP數據核字(2018)第160684號

書　　名　元本吴越春秋
著　　者　(漢)趙曄　撰　(元)徐天祜　音注
責任編輯　徐晨光　潘雲俠
封面設計　徐新狀

出版發行　國家圖書館出版社(北京市西城區文津街7號　100034)
(原書目文獻出版社　北京圖書館出版社)
010-66114536　63802249　nlcpress@nlc.cn(郵購)
網　　址　http://www.nlcpress.com
印　　裝　北京市通州興龍印刷廠
版次印次　2020年1月第1版　2020年1月第1次印刷

開　　本　880×1230(毫米)　1/32
印　　張　9.75
書　　號　ISBN 978-7-5013-6488-6
定　　價　30.00圓

《國學基本典籍叢刊》編委會

《國學基本典籍叢刊》前言

國家圖書館出版社（原書目文獻出版社 北京圖書館出版社）成立三十多年來，出版了大量的中國傳統文化典籍。由於這些典籍的出版往往採用叢書的方式或綫裝形式，供公共圖書館和大學圖書館典藏使用，普通讀者因價格較高、部頭較大，不易購買使用。爲弘揚優秀傳統文化，滿足廣大普通讀者的需求，現將經、史、子、集各部的常用典籍，選擇善本，分輯陸續出版單行本。每書之前均加簡要説明，必要者加編目録和索引，總名《國學基本典籍叢刊》。歡迎讀者提出寶貴意見和建議，以使這項工作逐步完善。

編委會

二〇一六年四月

出版説明

今本《吴越春秋》十卷題爲東漢趙曄撰、元徐天祜音注，是一部詳細記載春秋末期吴越兩國争霸歷史的重要著作。其成書經過、著者生平、版本流傳、學術價值及此次影印出版的版本特色，特向讀者介紹如下。

今本《吴越春秋》成書過程較爲複雜，最初源自東漢趙曄的《吴越春秋》十二卷，晋時經楊方刊削爲《吴越春秋削繁》五卷，後由皇甫遵改寫、編定，最終由元徐天祜音注、刊版而成《吴越春秋》十卷。從廣義作者而言，原著者爲趙曄，改編者爲楊方、皇甫遵，音注者爲徐天祜。其成書過程歷時一千二百餘年。

從東漢至唐代，記載吴越地區歷史，又以《吴越春秋》命名的著作，就目前而言共有七種，分別是趙曄《吴越春秋》十二卷、趙岐《吴越春秋》、張遐《吴越春秋外紀》、無名氏《吴越春秋》、無名氏《吴越春秋次録》一卷、楊方《吴越春秋削繁》五卷和皇甫遵《吴越春秋》十卷。這些著作自成書後即不斷散佚，除趙曄、楊方和皇甫遵之書，其餘四種均不見於隋唐時著録。至元代，僅有題爲趙曄的宋刻十卷本《吴越春秋》存世。

在這些以『吴越春秋』命名的著作中，東漢趙曄《吴越春秋》撰作時間最早。趙曄，生卒年不詳，字君長，東漢會稽山陰（今浙江紹興）人。據《後漢書》卷一百零九下《儒林列傳》載，趙曄少嘗爲縣吏，奉檄迎督郵，耻爲之，遂弃車馬去。詣犍爲資中（今四川資陽），從杜撫受《韓詩》，積二十年，絶問不還，究竟其術，直至撫卒乃歸。州詔補從事，不就，卒於家。於東漢章帝、和帝時撰成《吴越春秋》十二卷。趙曄除著有《吴越春秋》外，尚有《詩細歷神淵》，蔡邕褒其長於《論衡》，今不傳。《吴越春秋》，《隋書·經籍志》《舊唐書·經籍志》《新唐書·藝文志》和晁公武《郡齋讀書志》均著録爲十二卷，《崇文總目》、王應麟《玉海》引《中興館閣書目》和《宋史·藝文志》則著録爲十卷，可見曄書自宋代起即佚失二卷。晁氏《郡齋讀書志》曰：『《吴越春秋》十二卷』，『後漢趙曄撰。吴起太伯，盡夫差。越起無余，盡勾踐。内吴外越，本末咸備。』《玉海》引《中興館閣書目》：『《吴越春秋》十卷，内吴外越，以紀其事。吴起太伯，止闔廬。越起無余，止勾踐。』宋代曄書殘本佚失的内容當爲夫差時吴事二卷。今本《吴越春秋》十卷所記『吴事起太伯，訖夫差。越起無余，止勾踐』，在分卷上與曄原書及宋時殘本不同。就内容而言，今本已無《初學記》卷七、卷二十四與《太平御覽》卷四百五十六引趙曄《吴越春秋》所載鯀築城造郭、夫差祠子胥和海鹽縣淪陷諸事。另外，從遣詞用字來看，今本内《王僚使公子光傳》《勾踐入臣外傳》和《勾踐伐吴外傳》有

『前莊王爲抱居之臺』『望見大越山川重秀』與『稱霸穆、桓、齊、楚、莊』之句，不避與趙曄同時的漢光武帝劉秀、明帝劉莊之諱。據此可知，今本《吴越春秋》并非趙曄原著。

既然今本《吴越春秋》非趙曄原著，其祖本究竟來源何處，與趙曄所作又有何關係？在隋唐時期存世的以《吴越春秋》命名的著作中，楊方《吴越春秋削繁》五卷和皇甫遵《吴越春秋》十卷與曄書關係緊密。《隋書·經籍志》《舊唐書·經籍志》與《新唐書·藝文志》對楊方和皇甫遵之作與曄書并載，《崇文總目》則載有三書之間的關係：『初，趙曄爲吴越春秋十二卷，其後有楊方者，以曄所撰爲煩，又刊削之，爲五卷。遵乃合二家之書，考定而注之。』遵書《吴越春秋》十卷乃合曄、方二書考定而注之。其所載吴事起太伯，盡夫差；所載越事始無余，止勾踐，正與今本相合。由此可見，今本《吴越春秋》應淵源於合趙曄、楊方二書考定而注之的皇甫遵之書。楊方，生卒年未詳，字公回，晋朝會稽山陰（今浙江紹興）人。《晋書》卷六十八《楊方傳》有言，楊方少好學，有奇才，『經當時東晋名士虞喜兄弟稱譽，名震一時。《吴越春秋削繁》五卷約作於東晋太寧前後。除該書外，他還著有《五經鉤沉》十卷、《楚國先賢志》十二卷，今均不傳。皇甫遵，生卒年不詳，其生平事迹史料闕如，推測爲南朝陳至初唐之間人，其所撰《吴越春秋》十卷約作於陳朝。值得一提的是，遵書是據曄、方二書考證、修改和重編，并非逐字逐句照抄曄書原文并加注釋而成，而是對曄書頗多增補删削，在一定程度上重新改寫了趙曄的原著。因此，今本《吴越春秋》十卷實爲足本，并非後世如《四庫全書總目》所言『殆非全書』。至於後人之所以將今本題爲趙曄所作，是因爲曄書至宋代已脱記夫差時吴事二卷，僅存十卷，此十卷本曄書與皇甫遵所作書名、卷數相同，極易混淆。

《吴越春秋》經皇甫遵據曄、方二書改定後，即一直以抄本形式流傳，至宋代已確知有刻本存世。張金吾《愛日精廬藏書志》卷十四在著録影寫宋刊本《吴越春秋》時，轉録了汪綱爲此書所作之跋，其文曰：『《吴越春秋》十卷，後漢趙曄所著。予既刻《越絶書》，遂并刻之。蓋二書實相表裏，而曄又爲郡人，其書固宜廣。第訛舛特甚，惜無從可以是正云。嘉定甲申八月望日，新安汪綱書。』據此可知，汪綱於南宋嘉定十七年（一二二四）甲申刊刻，此時各種《吴越春秋》皆不可得見，已無他本據以校正。此書流傳至元代，即爲上文所述存世之宋刻。

元代紹興學者徐天祜，應紹興路儒學劉克昌之請，以存世宋刻十卷本爲基礎，『刊正訛疑』，『復爲之音注』，於元大德十年（一三〇六）刊刻成《吴越春秋》十卷，記事吴起太伯，訖夫差；越起無余，止勾踐。該書每半葉九行，行十八字，白口，左右雙邊。徐天祜，字受之，山陰（今浙江紹興）人。宋景定三年（一二六二）進士，爲大州教授。宋亡，杜門讀書。據瞿鏞《鐵琴銅劍樓藏書目録》卷十『載記類』和陸心源《儀顧堂題跋》卷四『元板吴越春秋跋』所著録，南宋嘉定汪綱刻十卷本《吴越春秋》『每半葉九行，行十八字』，『行數、字數與元刻同』。又按顧廣圻《思適齋書跋》所校、蔣光煦據影宋本與明翻大德本和《古今逸史》相校而成的《吴越春秋校》，宋十卷本與元明刊本在卷帙、文字、内容上基本相同。由此可知，宋汪綱刻十卷本在南宋嘉定至元大德已成爲唯一流傳於世的《吴越春秋》，加之是書共十卷，并有《夫差内傳》一卷，而其餘各種《吴越春秋》僅爲曄書殘本十卷，且缺記夫差時吴國之事的内容，可知此宋本即遵書而非曄書殘本，汪綱據遵書所刻十卷本《吴越春秋》因此是今本《吴越春秋》的真正祖本，惜今已不存，元大德徐天祜音注十卷本爲存世最古之刊本。

明清以來，《吴越春秋》的各種傳本多出自元大德本這一系統，該系統主要分十卷本和六卷本兩大類。十卷本系統包括元刻明修本、弘治十四年（一五〇一）鄺廷瑞刻本、明嘉靖覆刻元大德本、明萬曆十四年（一五八六）馮念祖刊本和楊爾重修本、《文淵閣四庫全書》本、會稽徐氏初學堂《群書輯録》本和徐乃昌《隨盦徐氏叢書》本。六卷本系統包括明萬曆吴琯《古今逸史》本及清康熙間據此重編刊印的《秘書廿一種》本、明萬曆間何允中《廣漢魏叢書》本、清乾隆間王謨增訂《漢魏叢書》本、明天啓間吴越刻本和《摛藻堂四庫全書薈要》本。

今本《吴越春秋》内容豐富，涉及面較廣，有頗多值得稱道之處。書中所載有關政治、軍事、思想、農業、手工業、交通、城市建設以及文學、社會習俗與風尚等内容，具有十分重要的史料價值。這種珍貴的史料價值，還體現在與其他撰作時期相近、内容相關的史籍相比其更爲獨特。如《吴越春秋》卷一《吴太伯傳》記載吴君周章子熊事，『熊子遂，遂子柯相』。這與《史記》卷三十一《吴太伯世家》所載『周章卒，子熊遂立，熊遂卒，子柯相立』不同。按《史記》所説，吴自太伯至夫差共二十五君，而據《吴越春秋》所言，則爲二十六君。今本《越絶書》失載吴君世系，但據《越絶外傳記·吴地傳》所載，『武王封太伯於吴，到夫差，計二十六世』，可知《越絶書》所載應與《吴越春秋》同。因爲《吴越春秋》成於當地學者之手，且所述多取自地方史乘和當地傳説，故關於吴君世系當采《吴越春秋》所言。而《吴越春秋》卷六《越王無余外傳》中關於越君無壬、無曎的内容，則是包括《越絶書》在内其他各書所不載之事，具有獨一無二的重要價值。

另外，今本《吴越春秋》作爲雜史載記，較之正史多出不少文學成分，因而又具有一定的文學價值。全書叙事圍繞吴越争霸、生死相争的中心展開，具有一條貫穿始終的故事綫索。《吴越春秋》在叙事過程中通過描述人物行動和内心活動，藉助於個性化的語言，運用場面渲染、氣氛烘托等表現手法，塑造出如勾踐、伍子胥、夫差等個性鮮明的人物形象。此外，《吴越春秋》叙事又常引神話和傳説，加以豐富的想象，融入渲染誇張的描繪，從而使全書帶有一種奇妙的傳奇色彩和獨特瑰麗的風格。

此次影印出版《吴越春秋》十卷所據底本，爲國家圖書館藏元大德十年紹興路儒學刻明修本，題後漢趙曄撰，元徐天祐音注。每半葉九行，行十八字，小字雙行二十六、二十七字不等，版心分上、下兩卷。其中，卷五第四十九至五十葉、第六十四葉下，卷七第八十二葉上下，卷十第一百二十葉上下、第一百二十四葉上下有修補配抄，其他部分有描潤之處。此書卷首有徐天祐序文，卷末鎸有『大德十年歲在丙午三月音注，越六月書成刊版，十二月畢工』題記兩行。其後又鎸有紹興路儒學音注、校正、提調官銜名五行。此本字大行疏，傳世孤罕，洵爲元刊上乘。書封與目録頁上鈐有『鐵琴銅劍樓』藏書印，《鐵琴銅劍樓藏書目録》有載。該書二〇〇五年被收入《中華再造善本》出版，此次將原書彩色掃描，灰度平裝影印，以饗廣大讀者。

國家圖書館出版社

二〇一九年十一月

目録

上卷

下卷

據國家圖書館藏元大德十年（一三〇六）紹興路儒學刻明修本影印原書板框高二十二點三厘米寬十六點四厘米

吴越春秋

元刊

六本

吳越古稱東南僻遠之邦然當其盛
彊往往抗衡上國黄池之會夫差欲
尊天子自去其僭號稱子以告令諸
侯及越既有吳勾踐大盟四國以共
輔王室要其志皆歸於尊周冀知一認
天矣孔子作春秋雖小國猶錄而之言

之而況以世言則禹稷之裔以地言
則會稽具區其川其浸周職方氏列
爲九州之首皆足以望天下故記一
關而不傳乎吳越春秋趙曄所著隋
唐經籍志皆云十二卷今存者十卷
殆非全書二志又云楊方撰吳越春

秋削繁唐志作煩五卷皇甫遵撰吳越春
秋傳十卷隋志缺傳字此二書今人罕見
獨睥書行於世睥傳在儒林中觀
其所作乃不類漢文樓邦郭垕民圖
書十志目亦謂楊方嘗刊削睥所爲
書至皇甫遵遂合二家考正爲之傳

註又按史記註者徐廣所引吳越春
秋語而索隱以為今無此語者危如
文選註引季子見遺金事見吳地記載
闔廬時夷亭事及水經註嘗載越事
數條類皆援據吳越春秋今時本咸
無其文亦無所謂傳註豈楊方所刪已

刊削而皇甫所未考正者耶肆書既
先出東都時去古未甚遠肆又山陰
人故綜述視他書所紀二國事為詳
取節焉可也其言上稽天時下測物
變明徵推迹憭若著蔡至於盛衰成
敗之迹則彼己君臣反覆上下其論

議種蠡諸大夫之謀迭用則霸子胥
之諫一不聽則亡皆鑿鑿然可以勸
戒萬世豈獨爲是邦二千年故實哉
肆書越舊嘗鋟梓歲久不復存沂澤
劉侯來治越獎厲學校蒐遺文脩墜
典乃輟義田廩羨財重刻于學宮[illegible]

讀龍龕以考訂且命序其左端夫越
人宜知越之故則是之舉也於所關不
爲無稽遂不得辭厥既刋正竄訛過
不自量復爲之音註併考其與傳記
同異著併見于下而互存之惜其間
文義猶有滯礙不可訓知不敢盡闕

[illegible]竄更定又與皇甫本可證始從其
舊以俟後之君子焉俟名克昌世
大其字云郡人前進士徐天祐受
之序

吳越春秋目録

元本不曰吳王僚傳而曰王僚使公子光傳蓋謂使之伐楚耳光即闔閭既自有傳此云使公子光貴也今姑從其舊

卷第四

闔閭内傳

卷第五

夫差内傳

元本闔閭夫差傳皆曰内傳下卷無余句踐傳皆曰外傳内吳而外越何也泥憚又越人乎若以吳爲内則太伯壽夢王僚三傳不曰内而闔閭夫差二傳獨曰内又何也今不敢輒去内外二字姑存之

元本勾踐入臣歸國伐吳諸傳皆書名獨陰謀傳書越王而不名不知何義今於陰謀傳去越王二字而書勾踐從諸例也

卷第十

勾踐伐吳外傳

吳越春秋目録

吳越春秋吳太伯傳第一

後漢趙曄撰

吳之前君太伯者論語作泰伯后稷之苗裔也后稷其母台氏之女姜嫄韓詩章句姜姓嫄字說文邰炎帝之後姜姓封邰國晉語曰黃帝以姬水成炎帝以姜水成故黃帝爲姬炎帝爲姜是姜者炎帝之姓史記嫄作原台作邰邰國在京兆武功縣所治釐城漢地理志作斄與邰同爲帝嚳元妃年少未孕出游於野見大人跡而觀之中心歡然喜其形像因覆而踐之身動意若爲人所感後姙娠恐被淫泆之禍遂祭祀以求謂無子履上帝之跡詩生民篇所謂履帝武是也天猶令有之姜

嫄怪而棄于阨狹之巷牛馬過者折（折疑當作辟）易而避之（詩云誕置之隘巷牛羊腓字之）復棄于林中適會伐木之人多（詩云誕置之平林會伐平林）復置于澤中冰上衆鳥以羽覆之（詩云誕置之寒冰鳥覆翼之）后稷遂得不死姜嫄以爲神收而養之長因名棄爲兒時好種樹（樹亦種也）禾黍桑麻五穀相（去聲）五土之宜青赤黃黑陵（陸地）水高下粢穄黍禾菽麥豆稌各得其理堯遭洪水人民泛濫遂（遂疑當作逐）高而居堯聘棄使教民山居隨地造區研（窮也）營種之術三年餘行人無飢乏之色乃拜棄

爲農師封之台號爲后稷姓姬氏后稷就國爲諸侯卒子不窋立帝王世紀后稷納姞氏生不窋括地志曰不窋故城在慶州弘化縣南三里遭夏氏世衰失官奔戎狄之間其孫公劉周本紀不窋卒子鞠立鞠卒子公劉立公劉慈仁行不履生草運車以避葭葦公劉避夏桀於戎狄變易風俗民化其政公劉卒子慶節立其後八世而得古公亶甫慶節子皇僕皇僕子差弗差弗子毀隃世本隃作偷毀隃子公非公非子高圉高圉子亞圉世本作亞圉云都皇甫謐曰雲都亞圉字亞圉子公叔祖類公叔祖類子古公亶甫毛詩史記甫皆作父甫父通自慶節至是爲八世脩公劉后稷之業積德行義爲狄人所慕薰鬻戎姤而伐之薰鬻王子孫獯鬻史記作

薰育漢匈奴傳作葷粥音同古公亶之以犬馬牛羊其伐不止事
以皮幣金玉重寶而亦伐之不止古公問何所
欲曰欲其土地古公曰君子不以養害害所養
孟子曰君子不以其所以養人者害人國所以亡也而為身害吾所不
居也古公乃杖策去邠踰梁山而處岐周徐廣曰新平漆
縣東北有豳亭杜預云豳在新平漆縣東北索隱曰豳即邠也又徐廣曰岐山在扶風美陽西北其南有周原顏師古曰梁山在夏陽岐山在
美陽即今岐州岐山縣箭括嶺也曰彼君與我何異邠人父子兄弟
相帥負老攜幼揭釜甑而歸古公居三月成城
郭一年成邑二年成都而民五倍其初古公三

子長曰太伯次曰仲雍雍一名吳仲（史記作虞仲）少曰季歷（太王妻生少子季歷歷即王季也）季歷娶妻太任氏（音壬詩大明篇摯仲氏任毛氏箋摯國任姓仲中女也史記作太任列女傳太任摯任氏之中女）生子昌昌有聖瑞（尚書帝命驗曰季秋之月甲子赤爵銜丹書入于酆止于昌戶其書云云此蓋言瑞丹書文多不載）古公知昌聖欲傳國以及昌曰興王業者其在昌乎因更名曰季歷太伯仲雍望風知指曰歷者適也知古公欲以國及昌古公病二人託名採藥於衡山遂之荊蠻斷髮文身爲夷狄之服示不可用古公卒太伯仲雍歸赴喪畢還荊蠻國民君而事之自

號爲句吳（漢地理志太伯奔荊蠻號曰句吳顔師古註吳俗語發聲猶越爲于越也）吳人或問何
像（[illegible]）而爲句吳太伯曰吾以伯長居國絶嗣
者也其當有封者吳仲也故自號句吳非其方
乎荊蠻義之從而歸之者千有餘家共立以爲
句吳數年之閒民人殷富遭殷之末世衰中國
侯王數用兵恐及於荊蠻故太伯起城周三里
二百步外郭三百餘里在西北隅名曰故吳人
所都謂之吳城在梅里平墟（今吳縣境）人民皆耕田其中古公病將卒令
季歷讓國於太伯而三讓不受故云太伯三以

天下謳於是季歷蒞政修先王之業守仁義之

道季歷卒子昌立號曰西伯（按孔叢子云羊容問于子思曰周自后稷封爲王者之後至大王王季文王此爲諸侯矣得爲西伯乎子思曰吾聞諸子夏曰殷帝乙之時王季以九命作伯於西受圭瓚秬鬯之賜故文王因之得專征伐此諸侯爲伯猶召公分陝謂之爲伯也）遵公劉古公之術業於養老

天下歸之西伯致太平伯夷自海濱而往西伯卒太子發立（發武王名）任周召（周公旦召公奭）而伐殷天下已安乃稱王追謚古公爲太王追封太伯於吳太伯祖卒葬於梅里平墟（即太伯起城之地劉昭云無錫縣東皇山有太伯冢去墓十里有舊宅其井猶存皇覽云太伯墓在吳縣北梅里聚二說不同此云平墟當[illegible]爲正）仲雍立是爲吳仲雍

仲雍卒子季簡簡子叔達達子周章章子熊熊子遂遂子柯相相子彊鳩夷夷子餘喬疑吾吾子柯盧盧子周繇繇子屈羽羽子夷吾吾子禽處處子專專子頗高高子句畢立（史記世家熊子遂作熊遂遂喬作橋盧作柯盧專子作轉熊同古字考作柯轉畢作畢）是時晉獻公滅周北虞虞公以開晉之伐虢氏畢子去齊齊子壽夢立（夢左傳莫公切史記正義同）而吳益彊稱王凡從太伯至壽夢之世與中國時通朝會而國斯霸焉

吳越春秋吳太伯傳第一

吳越春秋吳王壽夢傳第二

壽夢元年（史記索隱曰自壽夢已下始有其年）朝周適楚觀諸侯禮樂

魯成公會於鍾離（鍾離之會吳始與中國接事見春秋魯成公十五年以史記年表考之是為壽夢十五年此以為元年何也鍾離古塗山氏之國漢置鍾離縣屬九江今屬濠州）深問周公禮樂成公悉為陳前王之禮樂因為詠歌三代之風壽夢曰孤在夷蠻徒以椎髻為俗豈有斯之服哉因歎而去曰於乎哉禮也

二年楚之亡大夫申公巫臣（子靈也）適吳以為行人教吳射御導之伐楚（見左傳成公七年按巫臣怨楚子反而奔晉自晉請使吳象吳兩兵

既楚使其子狐庸為吳行人非巫臣為行人也行人掌國賓客之禮籍以待四方之使 楚莊王怒使子反將去聲敗吳師二國從斯結讎於是吳始通中國而與諸侯為敵蠻夷屬楚者吳盡取之始大通吳於上國

五年伐楚敗子反

十六年楚恭左傳作共王怨吳為巫臣伐之也乃舉兵伐吳至衡山而還見左傳襄公三年楚克鳩茲至于衡山杜預曰衡山在吳興烏程縣南楚歸王曰吳人伐楚厥篇此不書

十七年壽夢以巫臣子狐庸為相任以國政

二十五年壽夢病將卒有子四人長曰諸樊次

曰餘祭〔祭側界切〕次曰餘眛〔眛莫葛切〕次曰季札季札賢壽夢欲立之季札讓曰禮有舊制奈何廢前王之禮而傳父子之私乎壽夢乃命諸樊曰我欲傳國及札爾無忘寡人之言諸樊曰周之太王知西伯之聖廢長立少王之道興今欲授國於札臣誠耕於野王曰昔周行之德加於四海今汝於區區之國荊蠻之鄉奚能成天子之業乎且今子不忘前人之言必授國以次及于季札諸樊曰敢不如命壽夢卒〔見春秋襄公十二年秋九月吳子乘卒左傳書曰壽夢卒杜預曰〕

壽夢吳子之號諸樊以適適通作嫡正出也長攝行事當國政吳王諸樊元年史記年表吳諸樊元年爲魯襄公十三年諸樊在位十三年卒是爲襄公二十五年此書止載元年事餘皆不書已除喪讓季札曰昔前王未薨之時嘗晨昧不安吾望其色也意在於季札又復三朝悲吟而命我曰吾知公子札之賢欲廢長立少重發言於口雖然我心已許之然前王不忍行其私計以國付我我敢不從命乎今國者子之國也吾願達前王之義季札謝曰夫適嫡長當國非前王之私乃宗廟社稷之制豈可變乎諸

樊曰苟可施於國何先王之命有句太王改爲季歷二伯來入荊蠻遂城爲國周道就成前人誦之不絕於口而子之所習也札復謝曰昔曹公卒宣公庶存適亡嫡亡者公子負芻殺太子而自立是爲成公諸侯與曹人不義而立於國子臧公子欣時也與負芻皆宣公庶子聞之行吟而歸曹君懼將立子臧子臧去之以成曹之道見左傳魯成公十五年諸侯將見子臧於王而立之子臧遂逃奔宋明年反自宋盡致其邑與卿而不出札雖不才願附子臧之義吾誠避之吳人固立季札季札不受而耕於野吳人舍上聲之諸樊驕恣輕慢鬼神仰

夷未死將死命弟餘祭曰必以國及季札乃封季札於延陵號曰延陵季子延陵季札之采邑也漢改延陵為毗陵縣晉為毗陵郡又為晉陵郡今常州也

餘祭十二年楚靈王會諸侯伐吳圍朱方誅慶封慶封數為吳伺祭祭當作察故晉楚伐之也吳王餘祭怒曰慶封窮來奔吳封之朱方左傳襄公二十八年慶封奔吳吳句餘予之朱方杜預云句餘吳子夷昧也索隱曰餘祭以二十九年卒則二十八年賜慶封邑不得是夷昧但句餘或別是一人今按春秋於明年書閽弒吳子餘祭又年表餘祭四年守閽殺餘祭則句餘非別為一人矣世家年表皆在餘祭三年即襄公二十八年也年表與云餘祭四年卒此乃書十二年何也十二十三年皆當刪十字十七年亦改從四年可也朱方吳邑春秋時月徒今屬鎮江以劾不根

士也即舉兵伐楚取二邑而去

十三年楚怨吳爲慶封故伐之心恨不解伐吳至乾谿（在譙國城父縣南楚東境）吳擊之楚師敗走

十七年餘祭卒餘昧立四年卒欲授位季札季札讓逃去曰吾不受位明矣昔前君有命已附子臧之義潔身清行仰高履尚惟仁是處富貴之於我如秋風之過耳遂逃歸延陵吳人立餘昧子州于號爲吳王僚也

吳越春秋吳王壽夢傳第二

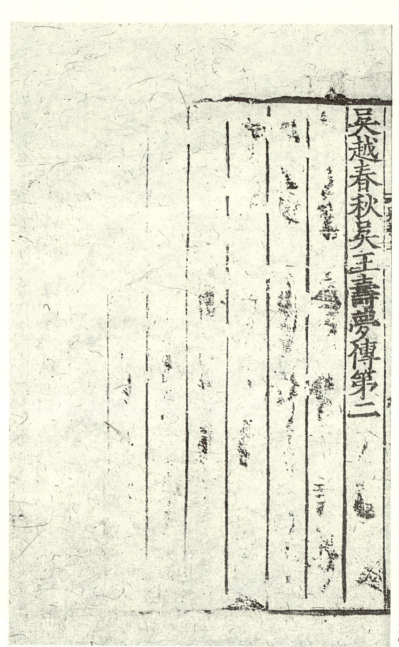

吳越春秋王僚使公子光傳第三

二年王僚使公子光伐楚（見左傳昭公十七年 光諸樊子闔廬也）以報前來誅慶封也吳師敗而亡舟（舟名餘皇爲楚所獲亦曰艅艎）光懼因捨復得王舟而還（捨字不通疑當作掄蓋掄其不備取之以歸）光欲謀殺王僚未有所與合議陰求賢乃命善相者爲吳市吏

五年楚之亡臣伍子胥來奔吳（見左傳昭公二十年）伍子胥者楚人也名員（音云）員父奢兄尚其前名曰伍舉（舉名當作前人舉則奢之父員之祖）以直諫事楚莊王王即位三年不

聽國政沉湎於酒淫於聲色左手擁秦姬右手抱越女身坐鍾鼓之閒而令曰有敢諫者死於是伍舉進諫曰有一大鳥集楚國之庭三年不飛亦不鳴此何鳥也於是莊王曰此鳥不飛飛則冲天不鳴鳴則驚人伍舉曰不飛不鳴將爲射者所圖絃矢卒（音猝怱遽貌倉卒也）發豈得冲天而驚人乎於是莊王棄其秦姬越女罷鍾鼓之樂用孫叔敖任以國政（史記曰任伍舉蘇從以政國人大說）遂霸天下威伏諸侯莊王卒靈王立建章華之臺（杜預曰南郡華容縣有臺在城內）與

登焉王曰臺美伍舉曰臣聞國君服寵以爲美安民以爲樂克聽以爲聰致遠以爲明不聞以土木之崇高蟲鏤之刻畫金石之清音絲竹之淒唳以之爲美前莊王爲抱居之臺高不過望國氛（祲氣也）大不過容宴豆木不妨守備（不妨城郭守備之材）用不煩官府民不敗時務官不易朝常今君爲此臺七年國人怨焉財用盡焉年穀敗焉百姓煩焉諸侯忿怨卿士訕謗豈前王之所盛人君之美者耶臣誠愚不知所謂也靈王即除工去

飾不遊於臺由是伍氏三世爲楚忠臣楚平王
有太子名建平王以伍奢爲太子太傅費無忌
左傳作無極史記亦作無忌爲少傅平王使無忌爲太子娶於秦
秦女美容無忌報平王曰秦女天下無雙王可
自取王遂納秦女爲夫人而寵愛之生子珍而
更爲太子娶齊女無忌因去太子而事平王深
念平王一旦卒而太子立當害己也乃復讒太
子建建母蔡氏無寵乃使太子守城父服虔曰城父楚北境
邑杜預曰襄城城父縣備邊兵頃之無忌日夜言太子之短曰

太子以秦女之故不能無怨望之心願王自備
太子居城父將兵外交諸侯將入爲亂平王乃
召伍奢而按問之奢知無忌之讒因諫之曰王
獨奈何以讒賊小臣而疏骨肉乎無忌承宴復
言曰王今不制其事成矣王且見擒平王大怒
囚伍奢而使城父司馬奮揚往殺太子奮揚
使人前告太子急去不然將誅三月太子奔宋
無忌復言平王曰伍奢有二子皆賢不誅且爲
楚憂可以其父爲質而召之王使使謂奢曰能

致二子則生不然則死伍奢曰臣有二子長曰
尚少曰胥尚爲人慈温仁信若聞臣召輒來胥
爲人少好於文長習於武文治邦國武定天下
執綱守戾蒙垢受耻雖寃不爭能成大事此前
知之士安可致耶平王謂伍奢之譽二子即遣
使者駕駟馬封函印綬往許召子尚子胥令曰
賀二子父奢以忠信慈仁去難就免平王内慙
囚繫忠臣外愧諸侯之耻反遇奢爲國相封二
子爲侯尚賜鴻都侯胥賜蓋侯相去不遠三百

餘里者父因繫憂思二子故遣臣來奉進印綬
尚曰父繫三年中心切怛食不甘味嘗苦飢渴
晝夜感思憂父不活惟父獲免何敢貪印綬哉
使者曰父囚三年王今幸赦無以賞賜封二子
爲侯一言當至何所陳哉尚乃入報子胥曰父
幸免死二子爲侯使者在門兼封印綬汝可見
使子胥曰尚且安坐爲兄卦之今日甲子時加
於巳支傷日下氣不相受君欺其臣父欺其子
今往方死何侯之有尚曰豈貪於侯思見父耳

一面而別雖死而生子胥曰尚且無往父當我活楚畏我勇勢不敢殺兄若誤往必死不脫尚曰父子之愛恩從中出儌倖相見以自濟達於是子胥歎曰與父俱誅何明於世寃讎不除恥辱日大尚從是往我從是決（決當作訣別也）尚泣曰吾之生也爲世所笑終老地上而亦何之不能報仇畢爲廢物汝懷文武勇於策謀父兄之讎汝可復也吾如得返是天祐之其遂沉埋亦吾所喜胥曰尚且行矣吾去不顧勿使臨難雖悔何追

旋泣辭行與使俱往楚得子尚執而囚之復遣
追捕子胥胥乃貫烏還切弓執矢去楚楚追之見
其妻曰胥亡矣去三百里使者追及無人之野
胥乃張弓布矢欲害使者使者俯伏而走胥曰
報汝平王平字當去王在安得先稱其謚不則當作君王下文平王則後人追書也欲國不滅
釋吾父兄若不爾者楚為墟矣使返報平王王
聞之即發大軍追子胥至江失其所在不獲而
返子胥行至大江仰天行哭林澤之中言楚王
無道殺吾父兄願吾因於諸侯以報讎矣聞太

子建在宋胥欲往之伍奢初聞子胥之亡曰楚之君臣且苦兵矣尚至楚就父俱戮於市伍員奔宋道遇申包胥謂曰楚王殺吾兄父爲之奈何申包胥曰於乎吾欲教子報楚則爲不忠教子不報則爲無親友也子其行矣吾不容言子胥曰吾聞父母之讎不與戴天履地兄弟之讎不與同域接壤朋友之讎不與鄰鄉共里今吾將復楚辜以雪父兄之恥申包胥曰子能亡之吾能存之子能危之吾能安之胥遂奔宋宋元

公無信於國國人惡之大夫華氏謀殺元公國人與華氏因作大亂（華氏華亥華定也見左傳昭公二十年）子胥乃與太子建俱奔鄭鄭人甚禮之太子建又適晉晉頃公曰太子既在鄭鄭信太子矣太子能爲內應而滅鄭即以鄭封太子太子還鄭事未成會欲私其從者從者知其謀乃告之於鄭鄭定公與子產誅殺太子建建有子名勝伍員與勝奔吳到昭關關吏欲執之伍員因詐曰上所以索我者美珠也今我已亡矣將去取之關吏因舍

岸上之與勝行去追者在後幾不得脫至江江中
有漁父乘船從下方泝水而上子胥呼之謂曰
漁父渡我如是者再漁父欲渡之適會旁有人
窺之因而歌曰日月昭昭乎侵已馳與子期乎
蘆之漪子胥即止蘆之漪漁父又歌曰日已夕
兮予心憂悲月已馳兮何不渡為事寖急兮當
奈何子胥入船漁父知其意也乃渡之千潯潯當
作尋四尺曰仞倍仞曰尋之津子胥既渡漁父乃視之有其飢色
乃謂曰子俟我此樹下為子取餉漁父去後子

胥疑之乃潛身於深葦之中有頃父來持麥飯
鮑魚羹盎漿求之樹下不見因歌而呼之曰蘆
中人蘆中人豈非窮士乎如是至再子胥乃出
蘆中而應漁父曰吾見子有飢色為子取餉子
何嫌哉子胥曰性命屬天今屬丈人豈敢有嫌
哉二人飲食畢欲去胥乃解百金之劔以與漁
者此吾前君之劔中有七星價直百金以此相
答漁父曰吾聞楚之法令得伍胥者賜粟五萬
石爵執圭豈圖取百金之劔乎遂辭不受謂子

胥曰子急去勿留且爲楚所得子胥曰請丈人
姓字漁父曰今日凶凶兩賊相逢吾所謂渡楚
賊也兩賊相得得形於默何用姓字爲子爲蘆
中人吾爲漁丈人富貴莫相忘也子胥曰諾既
去誡漁父曰掩子之盎漿無令其露漁父諾子
胥行數步顧視漁者已覆船自沉於江水之中
矣子胥默然遂行至吴疾於中道乞食溧陽（今建康屬邑）適會女子擊綿於瀨水之上筥中有飯子
胥遇之謂曰夫人可得一餐乎女子曰妾獨與

毋居三十未嫁飯不可得子胥曰夫人賑窮途
少飯亦何嫌哉女子知非恒人遂許之發其簞
筥飯其盎漿長跪而與之子胥再餐而止女子
曰君有遠逝之行何不飽而餐之子胥已餐而
去又謂女子曰掩夫人之壺漿無令其露女子
歎曰嗟乎妾獨與毋居三十年自守貞明不願
從適何宜饋飯而與丈夫越虧禮儀妾不忍也
子行矣子胥行反顧女子已自投於瀨水矣於
乎貞明執操其丈夫女哉子胥之吳乃被髮佯

狂跣足塗面行乞於市市人觀罔有識者翌日
翌明也 明日 吳市吏善相者見之曰吾之相人多矣未
嘗見斯人也非異國之亡臣乎乃白吳王僚具
陳其狀王宜召之王僚曰與之俱入公子光聞
之私喜曰吾聞楚殺忠臣伍奢其子子胥勇而
且智彼必復父之讎來入於吳陰欲養之市吏
於是與子胥俱入見王王僚怪其狀偉身長一
丈腰十圍眉間一尺王僚與語三日辭無復者
王曰賢人也子胥知王好之每入語語遂有勇

壯之氣稍道其讎而有切切之色王僚知之欲
為興師復讎公子謀殺王僚恐子胥前親於王
而害其謀因讒伍胥之諫諫當作誅伐楚者非為吳
也但欲自復私讎耳王無用之子胥知公子光
欲害王僚乃曰彼光有内志未可說音稅以外事
入見王僚曰臣聞諸侯不為匹夫興師用兵於
比國王僚曰何以言之子胥曰諸侯專為政非
以意救急後興師今大王踐國制威為匹夫興
兵其義非也臣固不敢如王之命吳王乃止子

胥退耕於野求勇士薦之公子光欲以自媚乃得勇士專諸（左傳作鱄設諸）專諸者堂邑（吳地漢地理志爲臨淮郡堂邑縣）人也伍胥之亡楚如吳時遇之於途專諸方與人鬪將就敵其怒有萬人之氣甚不可當其妻一呼即還子胥怪而問其狀何夫子之怒盛也聞一女子之聲而折道寧有說乎專諸曰子視吾之儀寧類愚者也何言之鄙也夫屈一人之下必伸萬人之上子胥因相其貌碓顙而深目虎膺而熊背戾於從難知其勇士陰而結之欲以

爲用遭公子光之有謀也而進之公子光光既得專諸而禮待之公子光曰天以夫子輔孤之失根也專諸曰前王餘昧卒僚立自其分也公子何因而欲害之乎光曰前君壽夢有子四人長曰諸樊（名遏史記索隱曰遏是其名諸樊是其號）則光之父也次曰餘祭次曰餘昧（春秋作夷末）次曰季札札之賢也將卒傳付適長以及季札念季札爲使（去聲）亡在諸侯未還餘昧卒國空有立者適長也適長之後即光之身也今僚何以當代立乎吾力弱無助於掌事

之間非用有力徒能安吾志吾雖代立季子東還不吾廢也專諸曰何不使近臣從容言於王側陳前王之命以諷其意令知國之所歸何須私備劒士以捐先王之德光曰僚素貪而恃力知進之利不覩退讓吾故求同憂之士欲與之并力惟夫子詮〔擇言〕斯義也專諸曰君言甚露乎於公子何意也光曰不也此社稷之言也小人不能奉行惟委命矣專諸曰願公子命之公子光曰時未可也專諸曰凡欲殺人君必前求其

所好吳王何好光曰好味專諸曰何味所甘光曰好嗜魚之炙也專諸乃去從太湖學炙魚三月得其味安坐待公子命之

八年僚遣公子伐楚太敗楚師因迎故太子建母於鄭鄭君送建母珠玉簪珥欲以解殺建之過左傳昭公二十三年楚太子建之母在郹吳太子諸樊入郹取楚夫人與其寶器以歸杜預解諸樊吳王僚之太子按春秋襄公二十五年吳子遏伐楚門于巢卒杜預解遏諸樊也至昭亦書吳太子諸樊卒諸樊之死於是三十年矣此書云諸樊公子當是公子光非光之父諸樊也諸樊於僚爲世父亦不得云王僚太子也豈傳與杜解俱誤耶

九年吳使光伐楚拔居巢鍾離左傳昭公二十四年吳人踵楚滅巢及鍾離而還世

家所記與此合巢今無爲巢縣吳所以相攻者初楚之邊邑胛梁史記孫作卑梁之女與吳邊邑處女蠶爭界上之桑史記曰小童爭桑伍子胥傳兩女子爭桑二家相攻吳國不勝遂之更相伐滅吳之邊邑吳怒故伐楚取二邑而去

十二年冬楚平王卒左傳昭公二十六年九月楚平王卒索隱曰按年表及左傳合在僚十一年此書作十二年亦以秋爲冬皆誤伍子胥謂白公勝即太子建之子其後惠王召勝歸楚使居邊邑服虔曰白楚邑名大夫皆稱公杜預曰汝陰褒信縣西南有白亭勝奔吳事見五冊曰平王卒吾志不悉矣然楚國有吾何憂矣白公默然不對伍子胥坐泣於室

十三年（索隱曰係長及左氏條正合有十二年事今史記世家乃書云十三年此書似承世家之誤）春吳欲因楚葬而伐之（左傳吳子欲因楚喪而伐之世家同喪作塟字此書葬字恐是喪字之誤）使公子蓋餘燭傭（左傳蓋作掩傭作庸皆王僚母弟）以兵圍楚使季札於晉以觀諸侯之變楚發兵絕吳後吳兵不得還於是公子光心動伍胥知光之見機也乃說光曰今吳王伐楚二弟將兵未知吉凶專諸之事於斯急矣時不再來不可失也於是公子見專諸曰今二弟伐楚季子未還當此之時不求何獲時不可失且光真王嗣也專諸曰僚可殺也母

老子弱弟伐楚楚絕其後方今吳外困於楚內無骨鯁之臣是無如我何也四月公子光伏甲士於窟室中左傳作堀室史記作窟室具酒而請王僚僚白其母曰公子光為我具酒來請期無變悉乎母曰光心氣怏怏常有愧恨之色不可不慎王僚乃被棠銕之甲三重使兵衛陳於道自宮門至於光家之門階席左右皆王僚之親戚使坐立侍皆操長戟交軹酒酣公子光佯為足疾入窟室裹足使專諸置魚腸劍炙魚中進之既至王僚

前專諸乃擘炙魚因推匕首立戟交軹倚專諸胷戟有枝兵也周禮戟長丈六尺曾韻雙枝爲戟單枝爲戈軹說文車輪小穿周禮大馭祭兩軹註軹一明兩轊詩詁曰車輪之耑貫轂者爲轊轂末之小穿容轄者爲軹此言立戟交軹謂戟之立如軹之交倚專諸之胷也胷斷臆開匕首如

故以刺王僚貫甲達背王僚既死左右共殺專

諸衆士擾動公子光伏其甲士以攻僚衆盡滅

之遂自立是爲吴王闔閭也乃封專諸之子拜

爲客卿季札使還至吴闔閭以位讓季札曰苟

前君無廢社稷以奉君也吾誰怨乎哀死待生

以俟天命非我所亂立者從之是前人之道命

吳僚墓復位而待公子蓋餘燭傭二人將兵遇圍於楚者聞公子光殺王僚自立乃以兵降楚楚封之於舒按左傳掩餘奔徐燭庸奔鍾吾吳使徐人執掩餘鍾吾人執燭庸二公子奔楚此言以兵降楚與傳不合史記亦云奔楚世家與伍子胥傳皆云降楚舒春秋時舒國爲楚所滅漢屬廬江郡今廬州有舒城縣

吳越春秋王僚使公子光傳第三

吳越春秋闔閭內傳第四

闔閭（左傳作闔廬史世家同）元年始任賢使能施恩行惠以仁義聞於諸侯仁未施恩未行恐國人不就諸侯不信乃舉伍子胥為行人以客禮事之而與謀國政闔閭謂子胥曰寡人欲彊國霸王何由而可伍子胥膝進（膝行而進出莊子）垂淚頓首曰臣楚國之亡虜也父兄棄捐骸骨不葬魂不血食蒙罪受辱來歸命於大王幸不加戮何敢與政事焉闔閭曰非夫子寡人不免於縶禦之使今幸奉

一言之教乃至於斯何爲中道生進退耶子胥
曰臣聞謀議之臣何足處於危亡之地然憂除
事定必不爲君主所親闔閭曰不然寡人非子
無所盡議何得讓乎吾國僻遠顧在東南之地
險阻潤濕又有江海之害君無守禦民無所依
倉庫不設田疇不墾爲之奈何子胥良久對曰
臣聞治國之道安君理民是其上者闔閭曰安
君治民其術奈何子胥曰凡欲安君治民興霸
成王從近制遠者必先立城郭設守備實倉廩

治兵庫斯則其術也闔閭曰善夫築城郭立倉庫因地制宜豈有天氣之數以威鄰國者乎子胥曰有闔閭曰寡人委計於子子胥乃使相土嘗水象天法地造築大城周廻四十七里陸門八以象天八風水門八以法地八聰築小城周十里陵門三不開東面者欲以絕越明也立閶門者以象天門通閶闔風也史記律書閶闔風居西方閶者倡也闔者藏也立蛇門者以象地戶也巳爲地戶闔閭欲西破楚楚在西北故立閶門以通天氣因復名之破楚門欲

東并大越越在東南故立蛇門以制敵國吳在辰其位龍也故小城南門上反羽爲兩鯢鱙以象龍角越在巳地其位蛇也故南大門上有木蛇北向首内示越屬於吳也城郭以成倉庫以具闔閭復使子胥屈蓋餘燭傭習術戰騎射御之巧未有所用請干將鑄作名劍二枚干將者吳人也與歐冶子同師俱能爲劍越前來獻三枚闔閭得而寶之以故使劍匠作爲二枚一曰干將二曰莫耶莫耶干將之妻也干將作劍采

五山之鐵精六合之金英候天伺地陰陽同光
百神臨觀天氣下降而金鐵之精不銷淪流於
是干將不知其由莫耶曰子以善爲劒聞於王
使子作劒三月不成其有意乎干將曰吾不知
其理也莫耶曰夫神物之化須人而成今夫子
作劒得無得其人而後成乎干將曰昔吾師作
冶金鐵之類不銷夫妻俱入冶爐中然後成物
至今後世即山作冶麻絰葌服然後敢鑄金於
山今吾作劒不變化者其若斯耶莫耶曰師知

爍身以成物吾何難哉於是干將妻乃斷髮翦爪投於爐中使童女童男三百人鼓橐裝炭金鐵乃濡遂以成劍陽曰干將陰曰莫耶陽作龜文陰作漫理干將匿其陽出其陰而獻之闔閭甚重既得寶劍適會魯使季孫聘於吳闔閭使掌劍大夫以莫耶獻之季孫拔劍之鍔中缺者大如黍米歎曰美哉劍也雖上國之師何能加之夫劍之成也吳霸有缺則亡矣我雖好之其可受乎不受而去闔閭既寶莫耶復命於國中

作金鉤令曰能爲善鉤者賞之百金吳作鉤者甚衆而有人貪王之重賞也殺其二子以血釁通作釁金遂成二鉤獻於闔閭詣宮門而求賞王曰爲鉤者衆而子獨求賞何以異於衆夫子之鉤乎作鉤者曰吾之作鉤也貪而殺二子釁成二鉤王乃舉衆鉤以示之何者是也王鉤甚多形體相類不知其所在於是鉤師向鉤而呼二子之名吳鴻扈稽我在於此王不知汝之神也聲絕於口兩鉤俱飛着父之胸吳王大驚曰嗟

乎寡人誠負於子乃賞百金遂服而不離身六月欲用兵會楚之白喜史記作伯嚭披美切來奔吴王問子胥曰白喜何如人也子胥曰白喜者楚白左傳史記白俱作伯州犂之孫平王誅州犂喜因出奔聞臣在吴而來也闔閭曰州犂何罪子胥曰白州犂楚之左尹號曰郄宛郄當作郤詳此書似以伯州犂郤宛爲一人按左傳昭公元年楚公子圍殺太宰伯州犂于郟春秋昭公二十七年楚殺其大夫郤宛自是二人又按徐廣曰州犂之子曰郤宛郤宛之子曰伯嚭宛亦姓伯又號氏郤吴世家曰楚誅伯州犂其孫伯嚭奔吴此云伯州犂號郤宛非也事平王平王幸之常與盡日而語襲朝陟遥切旦也而食費無忌望而妬之因謂平王

曰王愛幸宛一國所知何不爲酒一至宛家以示羣臣於宛之厚平王曰善乃具酒於郄宛之舍無忌教宛曰平王甚毅猛而好兵子必前陳兵堂下門庭宛信其言因而爲之及平王往而大驚曰宛何等也無忌曰殆且有篡殺之憂王急去之事未可知平王大怒遂誅郄宛諸侯聞之莫不歎息喜聞臣在吳故來請見之闔閭見白喜而問曰寡人國僻遠東濱海側聞子前人爲楚荆之暴怒費無忌之讒口不遠吾國而來

於斯將何以教寡人喜曰楚國之失虜前人無罪横被暴誅臣聞大王收伍子胥之窮厄不遠千里故來歸命惟大王賜其死闔閭傷之以爲大夫與謀國事吳大夫被離承宴問子胥曰何見而信喜子胥曰吾之怨與喜同子不聞河上歌乎同病相憐同憂相救驚翔之鳥相隨而集瀨下之水因復俱流胡馬望北風而立越鷰向日而熙誰不愛其所近悲其所思者乎被離曰君之言外也豈有内意以決疑乎子胥曰吾不

見也被離曰吾觀喜之爲人鷹視虎步專功擅
殺之性不可親也子胥不然其言與之俱事吳
王
二年吳王前既殺王僚又憂慶忌之在鄰國恐
合諸侯來伐問子胥曰昔專諸之事於寡人厚
矣今聞公子慶忌有計於諸侯吾食不甘味臥
不安席以付於子子胥曰臣不忠無行而與大
王圖王僚於私室之中今復欲討其子恐非皇
天之意闔閭曰昔武王討紂而後殺武庚周人

無怨色今若斯議何乃天乎子胥曰臣事君王將遂吳統又何懼焉臣之所厚其人者細人也願從於謀吳王曰吾之憂也其敵有萬人之力豈細人之所能謀乎子胥曰其細人之謀事而有萬人之力也王曰其為何誰子以言之子胥曰姓要(平聲)名離臣昔嘗見曾折辱壯士椒丘訢也王曰辱之奈何子胥曰椒丘訢者東海上人也為齊王使於吳過淮津欲飲馬於津津吏曰水中有神見馬即出以害其馬君勿飲也訢曰

壯士所當何神敢干乃使從者飲馬於津水神
果取其馬馬沒椒丘訢大怒袒裼持劍入水求
神決戰連日乃出眇其一目遂之吳會於友人
之喪訢恃其與水（水字下當有神字）戰之勇也於友人之
喪席而輕傲於士大夫言辭不遜有陵人之氣
要離與之對坐合坐不忍其溢於力也時要離
乃挫訢曰吾聞勇士之鬪也與日戰不移表與
神鬼戰者不旋踵與人戰者不達聲生往死還
不受其辱今子與神鬬於水亡馬失御又受眇

目之病形殘名勇勇士所恥不即喪命於敵而戀其生猶傲色於我哉於是椒丘訢卒於（卒音猝於字疑當作被）詰責恨怒並發暝即往攻要離於是要離席闌至舍誡其妻曰我辱勇士椒丘訢於大家之喪餘恨蔚（蔚當作鬱）恚暝必來也愼無閉吾門至夜椒丘訢果往見其門不閉登其堂不關入其室不守放髮僵臥無所懼訢乃手劍而捽要離曰子有當死之過者三子知之乎離曰不知訢曰子辱我於大家之衆一死也歸不關閉二

死也臥不守御三死也子有三死之過欲無得怨要離曰吾無三死之過子有三不肖之愧子知之乎訢曰不知要離曰吾辱子於千人之衆子無敢報一不肖也入門不咳登堂無聲二不肖也前拔子劍手挫捽吾頭乃敢大言三不肖也子有三不肖而威於我豈不鄙哉於是椒丘訢投劍而歎曰吾之勇也人莫敢眥占者（占疑當作覘）離乃加吾之上此天下壯士也臣聞要離若斯誠以聞矣吳王曰願承宴而待焉子胥乃見

要離曰吳王闔閭子高義惟一臨之乃與子胥見
吳王王曰子何爲者要離曰臣國東千里之人
臣細小無力迎風則僵負風則伏大王有命臣
敢不盡力吳王心非子胥進此人良久默然不
言要離即進曰大王患慶忌乎臣能殺之王曰
慶忌之勇世所聞也筋骨果勁萬人莫當走追
奔獸手接飛鳥骨騰肉飛拊膝數百里吾嘗追
之於江駟馬馳不及射之闇接矢不可中今子
之力不如也要離曰王有意焉臣能殺之王曰

慶忌明智之人歸窮於諸侯不下諸侯之士要
離曰臣聞安其妻子之樂不盡事君之義非忠
也懷家室之愛而不除君之患者非義也臣詐
以負罪出奔願王戮臣妻子斷臣右手慶忌必
信臣矣王曰諾要離乃詐得罪出奔吳王乃取
其妻子焚棄於市要離乃奔諸侯而行怨言以
無罪聞於天下遂如衛求見慶忌見曰闔閭無
道王子所知今戮吾妻子焚之於市無罪見誅
吳國之事吾知其情願因王子之勇闔閭可得

也何不與我東之於吳慶忌信其謀後三月揀練士卒遂之吳將渡江於中流要離力微坐與（與當作於）上風因風勢以矛鉤其冠順風而刺慶忌慶忌顧而揮之三捽其頭於水中乃加於膝上嘻嘻哉天下之勇士也乃敢加兵刃於我左右欲殺之慶忌止之曰此是天下勇士豈可一日而殺天下勇士二人哉乃誡左右曰可令還吳以旌其忠於是慶忌死要離渡至江陵愍然不行從者曰君何不行要離曰殺吾妻子以事吾

君非仁也爲新君而殺故君之子非義也重其死不貴無義今吾貪生棄行非義也夫人有三惡以立於世吾何面目以視天下之士言訖遂投身於江未絕從者出之要離曰吾寧能不死乎從者曰君且勿死以俟爵祿要離乃自斷手足伏劍而死

三年吳將欲伐楚未行伍子胥白喜相謂曰吾等爲王養士畫其策謀有利於國而王故伐楚出其令託而無興師之意奈何有頃吳王問子

胥白喜曰寡人欲出兵於二子何如子胥白喜
對曰臣願用命吴王内計二子皆怨楚深恶以
兵往破滅而已登臺向南風而嘯有頃而歎羣
臣莫有曉王意者子胥深知王之不定乃薦孫
子於王孫子者名武吴人也善爲兵法辟隱深
居世人莫知其能胥乃明於鑒辨知孫子可以
折衝銷敵乃一旦與吴王論兵七薦孫子吴王
曰子胥託言進士欲以自納而召孫子問以兵
法每陳一篇王不知口之稱善其意大悦問曰

兵法寧可以小試耶孫子曰可可以小試於後宮之女王曰諾孫子曰得大王寵姬二人以爲軍隊長各將一隊令三百人皆被甲兜鍪操劒盾（豎尹切兵器所以蔽身）而立告以軍法隨鼓進退左右廻旋使知其禁乃令曰一鼓皆振二鼓操進三鼓爲戰形於是宮女皆掩口而笑孫子乃親自操枹擊鼓三令五申其笑如故孫子顧視諸女連笑不止孫子大怒兩目忽張聲如駭虎髮上衝冠項旁絶纓顧謂執法曰取鈇鑕（[illegible]）孫子曰

約束不明申令不信將之罪也旣以約束三令
五申卒不卻行士之過也軍法如何執法曰斬
武乃令斬隊長二人即吳王之寵姬也吳王登
臺觀望正見斬二愛姬馳使去聲下之令曰寡人
已知將軍用兵矣寡人非此二姬食不甘味宜
勿斬之孫子曰臣旣已受命爲將將法在軍君
雖有令臣不受之孫子復撝鼓之當左右進退
迴旋規矩不敢瞬目二隊寂然無敢顧者於是
乃報吳王曰兵已整齊願王觀之惟所欲用使

赴水火猶無難矣而可以定天下吳王忽然不悅曰寡人知子善用兵雖可以霸然而無所施也將軍罷兵就舍寡人不願孫子曰王徒好其言而不用其實子胥諫曰臣聞兵者凶事不可空試故為兵者誅伐不行兵道不明今大王虔心思士欲興兵戈以誅暴楚以霸天下而威諸侯非孫武之將而誰能涉淮踰泗越千里而戰者乎於是吳王大悅因鳴鼓會軍集而攻楚孫子為將拔舒殺吳亡將二公子蓋餘燭傭謀欲

入郢楚都楚文王始自丹陽徙都郢即江陵之紀南城也孫武曰民勞未可恃也楚聞吳使孫子伍子胥白喜爲將楚國苦之羣臣皆怨咸言費無忌讒殺伍奢白州犂而吳侵境不絕於寇楚國羣臣有一朝之患於是司馬成乃謂子常曰太傅伍奢左尹白州犂邦人莫知其罪君與王謀誅之流謗於國至于今日其言不絕誠惑之蓋聞仁者殺人以掩謗者猶弗爲也今子殺人以興謗於國不亦異乎夫費無忌楚之讒口民莫知其過今無辜殺三賢士伍奢

伯州犂與郤宛而三以結怨於吳內傷忠臣之心外爲鄰國
所笑且郄郤伍之家出奔於吳吳新有伍員白
喜秉威銳志結讎於楚故彊敵之兵日駭楚國
有事子即危矣夫智者除讒以自安愚者受佞
以自亡今子受讒國以危矣子常曰是曩之罪
也敢不圖之九月子常與昭王共誅費無忌遂
滅其族國人乃謗止吳王有女滕玉因謀伐楚
與夫人及女會蒸魚王前嘗半而與女女怒曰
王食魚辱我不忍久生乃自殺闔閭痛之葬於

國西閶門外鑿池積土文石爲椁題湊爲中題湊椁木內向也金鼎玉杯銀樽珠襦之寶皆以送女乃舞白鶴於吳市中令萬民隨而觀之還使男女與鶴俱入羨門因發機以掩之殺生以送死國人非之湛盧之劍惡闔閭之無道也乃去而出水行如楚楚昭王卧而寤得吳王湛盧之劍於牀昭王不知其故乃召風湖子越絕湖皆作胡而問曰寡人卧覺而得寶劍不知其名是何劍也風湖子曰此謂湛盧之劍昭王曰何以言之風湖子曰臣

聞吳王得越所獻寶劒三枚一曰魚腸二曰磐
郢三曰湛盧魚腸之劒已用殺吳王僚也磐郢
以送其死女今湛盧入楚也昭王曰湛盧所以
去者何也風湖子曰臣聞越王元常左傳史記俱作允常使
歐冶子造劒五枚以示薛燭燭對曰魚腸劒逆
理不順不可服也臣以殺君子以殺父故闔閭
以殺王僚一名磐郢亦曰豪曹不法之物無益
於人故以送死一名湛盧五金之英太陽之精
寄氣託靈出之有神服之有威可以折衝拒敵

然人君有逆理之謀其劒即出故去無道以就
有道今吳王無道殺君謀楚故湛盧入楚昭王
曰其直幾何風湖子曰臣聞此劒在越之時客
有酬其直者有市之鄉三十駿馬千匹萬户之
都二是其一也薛燭對曰赤堇之山已令令字當作
合無雲若耶之溪深而莫測若耶溪在會稽縣南二十五里溪傍即赤堇山一名
鑄浦山歐冶子鑄劒之所戰國策曰涸若耶而取銅破堇山而取錫張景陽七命曰耶溪之鋌赤山之精皆謂此也群臣上
天歐冶死矣雖傾城量金珠玉盈河猶不能得
此寶而況有市之鄉駿馬千匹萬户之都何足

言也昭王大悦遂以爲寶闔閭聞楚得湛盧之劒因斯發怒遂使孫武伍胥白喜伐楚子胥陰令宣言於楚曰楚用子期爲將吾即得而殺之子常用兵吾即去之楚聞之因用子常退子期吴拔六與潛二邑左傳昭公三十一年吴人侵楚伐夷侵潛六始用子胥之謀是爲闔廬四年子胥傳亦合今此書以爲三年何也六古國皐陶之後所封今安豐豆六安縣是其地潛在六西南今屬安慶有潛山潛水史記潛作灊五年吴王以越不從伐楚南伐越越王元常曰吴不信前日之盟棄貢賜之國而滅其交親闔閭不然其言遂伐破檇里左傳昭公三十二年吴伐越始用師於越也是爲闔廬五年杜

夷解曰此之前雖彊事小爭未嘗用大兵攜里左傳史記俱依攜李攜音醉杜預曰吳郡嘉興縣南有醉李城

六年楚昭王使公子囊瓦按左傳楚公子貞字子囊其孫名瓦字子常此當言公孫不得云公子也伐吳報潛六之役吳使伍子胥孫武擊之圍於豫章豫章地名也在江夏之間杜預曰豫章漢東江北地名孔穎達曰漢書地理志豫章郡名在江南此則在江北者土地之名按宋武帝討劉毅遣王鎮惡先襲至豫章口豫章口去江陵城二十里乃知春秋之豫章非今隆興郡名之豫章也吳王

曰吾欲乘危入楚都而破其郢不得入郢二子何功於是圍楚師於豫章大破之遂圍巢克之獲楚公子繁守巢大夫以歸爲質見左傳定公二年索隱曰當爲闔廬十年史年表世家皆書之六年此書似亦因以爲據

九年吳王謂子胥孫武曰始子言郢不可入今
果何如二將曰夫戰借勝以成其威非常勝之
道吳王曰何謂也二將曰楚之爲兵天下彊敵
也今臣與之爭鋒十亡一存而王入郢者天也
臣不敢必吳王曰吾欲復擊楚奈何而有功伍
胥孫武曰囊瓦者貪而多過於諸侯而唐蔡怨
之王必伐得唐蔡何怨二將曰昔蔡昭公朝於
楚有美裘二枚善珮二枚各以一枚獻之昭王
王服之以臨朝昭公自服一枚子常欲之昭公

不與子常三年留之不使歸國唐成公朝楚有二文馬（二馬名驌驦駿馬也驦音霜亦曰驌驦）子常欲之公不與亦三年止之唐成（成當作人）相與謀從成公從者請馬以贖成公欲從者酒醉之竊馬而獻子常常乃遣成公歸國群臣誹謗曰君以一馬之故三年自囚願賞竊馬之功於是成公常思報楚君臣未嘗絕口蔡人聞之固請獻裘珮於子常蔡侯得歸如晉告訴以子元與太子質（左傳云以其子元與大夫之子爲質者是）而請伐楚故曰得唐蔡而可伐楚吳王於是使使

謂唐蔡曰楚爲無道虐殺忠良侵食諸侯囚辱二君寡人欲舉兵伐楚願二君有謀唐侯左傳作蔡侯使其子乾爲質於吳三國合謀伐楚舍兵兵當作舟吳乘舟從淮來過蔡而舍之於淮汭自豫章與楚夾漢水爲陣漢水源出武都沮縣經襄陽至江夏陽安縣入江今漢陽古江夏也子常遂濟漢而陣自小別山至於大別山杜預曰二別在江夏界元和郡縣志小別山在漢陽縣西南至于大別今漢陽縣北有大別山地志水經云在安豐者非三不利自知不可進欲奔亡史皇曰今子常無故與王共殺忠臣三人天禍來下王之所致子常不應十月楚二師陣於柏舉柏舉楚地闔閭

之弟夫槩晨起請於闔閭曰子常不仁貪而少恩其臣下莫有死志追之必破矣闔閭不許夫槩曰所謂臣行其志不待命者其謂此也遂以其部五千人擊子常大敗走奔鄭楚師大亂吴師乘之遂破楚衆楚人未濟漢會楚人爲食吴因奔而擊破之雍澨(左傳作雍澨)五戰徑至於郢王追(追當作道)於吴寇出固將亡與妹季芊(綿婢切楚姓平王女也)出河濉(河水出崑崙濉與睢同杜預曰睢水出新城昌魏縣東南至枝江縣入江是楚王西走也按水經雎水出梁郡鄢縣酈道元註雎水出陳留縣西蒗蕩渠三說各不同)之間楚大夫尹固與王同舟而去吴師遂

入郢求昭王王涉雎濟江入于雲中（楚有雲夢澤左傳載令尹子文之生邳夫人棄諸夢中言夢而不及雲今此雲中言雲而不及夢是二澤明矣漢陽圖經雲在江之北夢在江之南）暮宿雲夢盗攻之以戈擊王頭大夫尹固（左傳作王孫由于）隱王以背受之中肩王懼奔郧（音云江陵有郧城楚昭王時郧公所治今松滋也）大夫鍾建負季芊以從郧公辛得昭王大喜欲還之其弟懷怒曰昭王是我讎也欲殺之謂其兄辛曰昔平王殺我父吾殺其子不亦可乎辛曰君討其臣敢讎之者夫乘人之禍非仁也滅宗廢祀非孝也動無令名非智也懷怒不解辛陰與其季

弟巢以王奔隨吳兵逐之謂隨君曰周之子孫
在漢水上者楚滅之謂天報其禍加罰於楚君
何寶之（寶當作保）閉室何罪而隱其賊能出昭王即
重惠也隨君卜昭王與吳王不吉乃辭吳王曰
今隨之僻小密近於楚楚實存我有盟至今未
改若今有難（去聲）而棄之今且安靜楚敢不聽命
吳師多其辭乃退是時大夫子期雖與昭王俱
亡陰與吳師爲市欲出昭王王聞之得免即割
子期心以與隨君盟而去吳王入郢止留伍胥

以不得昭王乃掘平王之墓出其屍鞭之三百左足踐腹右手抉其目誚之曰誰使汝用讒諛之口殺我父兄豈不寃哉即令闔閭妻昭王夫人伍胥孫武白喜亦妻子常司馬成之妻以辱楚之君臣也遂引軍擊鄭鄭定公前殺太子建而困迫子胥自此鄭定公大懼（按太子建之死乃定公時吳師入郢則獻公時此亦云定公誤）乃令國中曰有能還吳軍者吾與分國而治漁者之子應募曰臣能還之不用尺兵斗糧得一橈（音饒小楫）而行歌道中即還矣公乃與漁者

之子橈子胥軍將至當道扣橈而歌曰蘆中人
如是再子胥聞之愕然大驚曰何等謂與語公
為何誰矣曰漁父者子吾國君懼怖令於國有
能還吳軍者與之分國而治臣念前人與君相
逢於途今從君乞鄭之國子胥歎曰悲哉吾蒙
子前人之恩自致於此上天蒼蒼豈敢忘也於
是乃釋鄭國還軍守楚求昭王所在日急申包
胥亡在山中聞之乃使人謂子胥曰子之報讎
其以甚乎子故平王之臣北面事之今於僇屍

之辱豈道之極乎子胥曰爲我謝申包胥曰日暮路遠倒行而逆施之於道也申包胥知不可乃之於秦求救楚晝馳夜趨足踵蹠（踵足後蹠之石切足下也）劈裂裳裹膝鶴倚哭於秦庭七日七夜口不絕聲秦桓公（按申包胥求救乃秦哀公時此云桓公誤）素沉湎不恤國事申包胥哭已歌曰吳爲無道封（大也）豕長蛇以食上國欲有天下政從楚起寡君出在草澤使來告急如此七日桓公（桓當作哀）大驚楚有賢臣如是吳猶欲滅之寡人無臣若斯者其亡無日矣爲賦無

衣之詩曰豈曰無衣與子同袍王于興師與子同仇包胥曰臣聞戾德（左傳國語皆作夷德）無厭王不憂鄰國壃場之患逮吳之未定王其取分（扶問切）焉若楚遂亡於秦何利則亦亡君之土也願王以神靈存之世以事王秦伯使辭焉曰寡人聞命矣子且就館將圖而告包胥曰寡君今在草野未獲所伏臣何敢即安復立於庭倚牆而哭日夜不絕聲水不入口秦伯爲之垂涕即出師而送之

十年秦師未出越王元常恨闔閭破之檇里興

兵伐吴吴在楚越盗掩襲之左傳定公五年越入吴吴在楚也六月申包胥以秦師至秦使公子子蒲子虎率車五百乘救楚擊吴二子曰吾未知吴道使楚師前與吴戰而即會之大敗夫槩即會之左傳作自稷會之稷楚地也史記亦云敗吴於稷七月楚司馬子成秦公子子蒲與吴王相守私以閒兵伐唐滅之唐從吴伐楚故子胥久留楚求昭王不去夫槩師敗却退九月潛歸自立爲吴王闔閭聞之乃釋楚師欲殺夫槩奔楚昭王封夫槩於棠溪左傳同史記棠谿作堂谿司馬彪曰汝南有堂谿亭于靡郯曰吾郷郯本房子國闔閭遂歸子

胥孫武白喜留與楚師於淮澨秦師又敗吴師楚子期將焚吴軍子西曰吾國父兄身戰暴骨草野焉不收又焚之其可乎子期曰亡國失衆存沒所在又何殺生以愛死死如有知必將乘煙起而助我如其無知何惜草中之骨而亡吴國遂焚而戰吴師大敗子胥等相謂曰彼楚雖敗我餘兵未有所損我者孫武曰吾以吴干戈西破楚逐昭王而屠荆平王墓割戮其屍亦已足矣子胥曰自霸王已來未有人臣報讎如此

奮也行去矣吳軍去後昭王反國徐天祜曰楚宦良多亡臣也析公雍子子靈賁皇奔晉造為謀主楚是以有繞角靡角巢鄢陵之敗伍舉之奔鄭也將遂奔晉賴聲子有言益其爵祿而反之子孫備仕於楚西是世為忠臣其後伍奢伍尚卒困讒口無罪而父子就戮此子胥之出亡所以報楚入郢辱其舊君而甘心焉是舉也隨與鄭亦與有變而唐卒受禍微申包胥以秦師至楚何以能國詩云讒人罔極交亂四國其是之謂與聽言者可以監矣樂師扈子非荊王信讒佞殺伍奢白州犁而寇不絕於境至乃掘平王墓戮屍姦喜以辱楚君臣又傷昭王困迫幾為天下大鄙然已愧矣乃援琴為楚作窮劫劫疑當作蝍之曲以暢暢當作傷君之迫厄之暢達之暢達當作而暢達之也其詞曰王耶王耶何乖烈烈疑當作劣不

願宗廟聽讒孽任用無忌多所殺誅夷白氏族
幾滅二子東奔適吳越吳王哀痛助忉怛垂涕
舉兵將西伐伍胥白喜孫武決三戰破郢王奔
發留兵縱騎虜荆闕楚荆骸骨遭發掘鞭辱腐
屍恥難雪幾危宗廟社稷滅嚴王何罪國幾絕
卿士悽愴民惻悷（音戾懔悷悲貌）吳軍雖去怖不歇願王
更隱撫忠節勿爲讒口能謗褻昭王垂涕深知
琴曲之情包子遂不復鼓矣子胥等過溧陽瀨
水之上乃長太息曰吾嘗飢於此乞食於一女

子女子飼我遂投水而亡將欲報以百金而不
知其家乃投金水中而去有頃一老嫗行哭而
來人問曰何哭之悲嫗曰吾有女子守居三十
不嫁往年擊綿於此遇一窮途君子而輙飯之
而恐事泄自投於瀨水今聞伍君來不得其償
自傷虛死是故悲耳人曰子胥欲報百金不知
其家投金水中而去矣嫗遂取金而歸子胥歸
吳吳王闔閭三師將至治魚爲鱠將到之日過時
不至魚臭須臾子胥至闔閭出鱠而食不知其

吳王復重爲之其味如故吳人作鱠者自闔閭之造也諸將既從還楚因更名閶門曰破楚門復謀伐齊齊子使女爲質於吳吳王因爲太子波聘齊女齊景公女孟子所謂涕出而女於吳即此也女少思齊日夜號泣因乃爲病闔閭乃起北門名曰望齊門令女往遊其上女思不止病日益甚乃至殂落女曰令死者有知必葬我於虞山之巔寰宇記常熟虞山有齊女冢以望齊國闔閭傷之正如其言乃葬虞山之巔是時太子亦病而死闔閭謀擇諸公子可立者未有

定計波太子（詳下文則夫差爲太子波之子此太子下當又有子字）夫差日夜告於伍胥曰王欲立太子非我而誰當立此計在君耳伍子胥曰太子未有定我入則決矣闔閭有頃召子胥謀立太子子胥曰臣聞祀廢於絕後興於有嗣今太子不祿早失侍御今王欲立太子者莫大乎波秦（秦字疑衍）之子夫差闔閭曰夫（夫下當有差字）愚而不仁恐不能奉統於吳國子胥曰夫差信以愛人端於守節敦於禮義父死子代經之明文闔閭曰寡人從子立夫差爲太子使太

子胥兵守楚留止自治宮室立射臺於安里華池在平昌南城宮在長樂越絶曰射臺二一在華池昌里一在安陽里南宮在長樂里按華池南城宮舊傳皆在長洲縣境闔閭出入游臥秋冬治於城中春夏治於城外治姑蘇之臺在吳縣西南三十里有姑蘇山亦名姑胥旦食䱹山越絶作組山晝游蘇臺射於鷗陂馳於游臺興樂石城在吳縣東北吳王之離宮越王獻西子於此走犬長洲有走狗塘田獵之地也斯止闔閭之霸時於是太子定因伐楚破師拔番音婆秦爲鄱陽縣屬九江郡今饒州也徐天祜曰吳楚世爲仇敵吳自伐巢以至取番大小二十餘戰楚子重子反一歲七奔命而昭王即位無歲不有吳師則云臣伍員伯嚭爲之也其間鵞䳕棘櫟麻五邑之役與清浦皐舟鵲岸房鍾州來雞父之戰此書皆畧而不載云楚懼吳兵復往乃

去郢徙于蔿若蔿若字誤當作鄀若左傳定公六年吳太子終纍敗楚舟師楚子期又以陵師敗于繁陽於是乎遷郢於鄀史世家闔廬十一年吳太子夫差伐楚取番楚恐而去郢徙鄀十一年即定公六年杜預曰終纍闔廬子夫差兄史以爲夫差索隱謂名異而一人耳此書又以爲太子定伐楚拔番而不著其年未詳孰是鄀昔若服虔曰楚邑今亦數陽也當此之時吳以子胥白喜孫武之謀西破彊楚北威齊晉南伐於越左傳定公十四年吳伐越勾踐大敗之闔廬傷將指還卒於陘史世家年表皆記之闔廬十九年與傳合此書但云南伐於越而畧其事何也

吳越春秋闔閭內傳第四

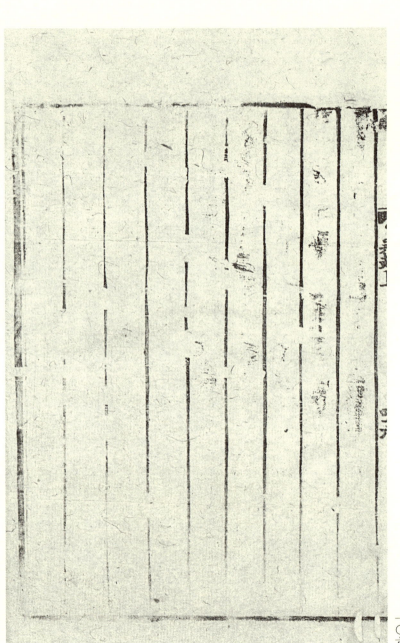

吳越春秋夫差內傳第五

十一年夫差[illegible]北伐齊齊使大夫高書子高無平時將上軍謝吳師曰齊孤立於國倉庫空虛民人離散齊以吳爲彊輔今未往告急而吳見伐請伏國人於郊不敢陳戰爭之辭惟吳哀齊之不監也吳師即還左傳哀公九年吳子使來儆師伐齊十年吳子徒來復儆師是爲夫差十年十一年也此二年方謀伐齊而此書於十一年云夫差北伐齊十二年云夫差復北伐齊是二年間吳再伐齊也與傳不合豈十一年吳嘗伐齊齊謝吳師不戰至明年復伐乃有艾陵之戰耶

十二年夫差復北伐齊左傳哀公十一年公會吳子伐齊是爲夫差十二年與此書合史世

家乃書之左壹十一年謀也越王聞之率衆以朝於吳而以重寶
厚獻太宰嚭嚭喜受越之賂愛信越殊甚日夜
爲言於吳王王信用嚭之計伍胥大懼曰是棄
吾也乃進諫曰越在心腹之病不前除其疾今
信浮辭僞詐而貪齊破齊譬由磐石之田無立
其苗也願王釋齊而前越不然悔之無及吳王
不聽使子胥使於齊通期戰之會子胥謂其子
曰我數諫王王不我用今見吳之亡矣汝與吾
俱亡亡無爲也乃屬其子於齊鮑氏而還鮑氏鮑牧也

其子改姓爲王孫氏欲以避吳禍太宰嚭既與子胥有隙因讒之曰
子胥爲強暴力諫願王少厚焉王曰寡人知之
未與師會魯使子貢聘於吳
十三年齊大夫陳成恒欲弑簡公陰憚高國鮑
晏鮑叔牙晏嬰故前興兵伐魯魯君憂之孔子患之召
門人而謂之曰諸侯有相伐者丘常恥之夫魯
父母之國也丘墓在焉今齊將伐之子無意一
出耶子路辭出孔子止之子張子石請行孔子
弗許子貢辭出孔子遣之子貢北之齊見成恒

史記子貢傳作田常因謂曰夫魯者難伐之國而君伐過矣成恒曰魯何難伐也子貢曰其城薄以卑其池狹以淺其君愚而不仁大臣無用士惡甲兵不可與戰君不若伐吳夫吳城厚而崇池廣以深甲堅士選器飽弩勁又使明大夫守之此易邦也成恒忿然作色曰子之所難人之所易子之所易人之所難而以教恒何也子貢曰臣聞君三封而三不成者大臣有所不聽者也今君又欲破魯以廣齊隳魯以自尊而君功不與焉是

君上驕（越絶驕字下有主心二字爲是子貢傳同）下恣羣臣而求以成大事難矣且夫上驕則犯（子貢傳犯作恣者是）臣驕則爭此君上於王有遽（遽越絶及子貢傳皆王作主遽作郤郤與隙同）而下與大臣交爭如此則君立於齊危於累卵故曰不如伐吳且吳王剛猛而毅能行其令百姓習於戰守明於法禁齊遇爲擒必矣今君悉四境之中出大臣以環之人民外死大臣內空是君上無彊敵之臣下無黔首之士孤主制齊者君也陳恒曰善雖然吾兵已在魯之城下矣吾去之吳大臣將有

疑我之心為之奈何子貢曰君按兵無伐請為君南見吳王請之救魯而伐齊君因以兵迎之陳恒許諾子貢南見吳王謂吳王曰臣聞之王者不絶世而霸者無彊敵千鈞之重加銖而移今萬乘之齊而私千乘之魯而與吳爭彊臣竊為君恐焉且夫救魯顯名也伐齊大利也義存亡魯（越絶義字下有在字害字上有勇在二字為是）害暴齊而威強晉則王不疑也吳王曰善雖然吾嘗與越戰棲之會稽入臣於吳不即誅之三年使歸夫越君賢主苦身

勞力夜以接日内飾兵政外事諸侯必將有報
我之心子待我伐越而聽子子貢曰不可夫越
之彊不過於魯吳之彊不過於齊主以伐越而
不聽臣齊亦已私魯矣且畏小越而惡彊齊不
勇也見小利而忘大害不智也臣聞仁人不因
居（越絶因居作困厄）以廣其德智者不棄時以舉其功王
者不絶世以立其義且夫畏越如此臣誠東見
越王使出師以從下吏吳王大悦子貢東見越
王王聞之除道郊迎身御至舍問曰此僻狹之

國蠻夷之民大夫何索然若不辱乃至於此子貢曰君處故來（處字不通越絕作弔君故來與下文弔字相應）越王勾踐再拜稽首曰孤聞禍與福爲鄰今大夫之弔孤之福矣孤敢不問其說子貢曰臣今者見吳王告以救魯而伐齊其心畏越且夫無報人之志而使人疑之拙也有報人之意而使人知之殆也事未發而聞之（子貢傳聞之作先聞若是）者危也三者舉事之大忌也越王再拜曰孤少失前人內不自量與吳人戰軍敗身辱遁逃上棲會稽下守海濱唯魚鼈

見矣（國語作是見見）今大夫辱弔而身見之又發玉聲以
教孤孤賴天之賜也敢不承教子貢曰臣聞明
主任人不失其能直士舉賢不容於世故臨財
分利則使仁涉患犯難則使勇用智圖國則令
賢正天下定諸侯則使聖兵彊而不能行其威
勢在上位而不能施其政令於下者其君幾乎
難矣臣竊自擇可與成功而至王者惟幾乎（[illegible]
乎越絕作其惟臣幾乎）今吳王有伐齊晉之志君無愛重器以
喜其心無惡卑辭以盡其禮而伐齊齊必戰不

勝君之福也彼戰而勝必以其兵臨晉驕士銳
兵弊乎齊重寶車騎羽毛盡乎晉則君制其餘
吳越王再拜曰昔者吳王分其民之衆以殘吾
國殺敗吾民鄙吾百姓夷吾宗廟國爲墟棘身
爲魚鼈（國語鼈下有餌字）孤之怨吳深於骨髓而孤之事
吳如子之畏父弟之敬兄此孤之死言也今大
夫有賜故孤敢以報情（越絕作以疑請者是）孤身不安重席
口不嘗厚味目不視美色耳不聽雅音既已三
年矣焦脣乾舌苦身勞力上事羣臣下養百姓

願一與吳交戰於天下平原之野正身臂越絕作整襟交
臂而奮吳越之士繼踵連死肝腦塗地者孤之
願也思之三年不可得也今內量吾國不足以
傷吳外事諸侯而不能也願空國棄群臣變容
貌易姓名執箕帚養牛馬以事之孤雖知要領
不屬手足異處四支布陳為鄉邑笑孤之意出
焉今大夫有賜存亡國舉國語舉作與死人孤賴天賜
敢不待令乎子貢曰夫吳王為人貪功名而不
知利害越王慥然避位子貢曰臣觀吳王為數

舉伐士卒不恩（國語恩作息）大臣內引讒人益衆夫子胥爲人精誠中廉外明而知時不以身死隱君之過正言以忠君直行以爲國其身死而不聽太宰嚭爲人智而愚彊而弱巧言利辭以內其身善爲詭詐以事其君知其前而不知其後順君之過以安其私是殘國傷君之佞臣也越王大悅子貢去越王送之金百鎰寶劍一良馬（子貢傳馬作矛）二子貢不受至吳謂吳王曰臣以下吏之言告於越王越王大恐曰昔者孤身不幸少失

前人內不自量抵罪於吳軍敗身辱逋逃出走
棲于會稽國為墟莽身為魚鱉越絕鱉下有餌字賴大王
之賜使得奉俎豆修祭祀死且不敢忘何謀之
敢其志甚恐將使使者來謝於王子貢館五日
越使果來曰東海役臣勾踐之使者臣種敢修
下吏少聞於左右昔孤不幸少失前人內不自
量抵罪上國軍敗身辱逋逃會稽賴王賜得奉
祭祀死且不忘今竊聞大王興大義誅彊救弱
困暴齊而撫周室故使賤臣以奉前王所藏甲

二十領屈盧之矛步光之劍以賀軍吏若將遂
大義弊邑雖小請悉四方之内士卒三千人以
從下吏請躬被堅執鋭以前受矢石君臣死無
所恨矣吳王大悦乃召子貢曰越使果來請出
士卒三千其君從之與寡人伐齊可乎子貢曰
不可夫空人之國悉人之衆又從其君不仁也
受幣許其師辭其君即可吳王許諾子貢去晉
見定公曰臣聞慮不預定不可以應卒兵不預
辦不可以勝敵今吳齊將戰戰而不勝越亂之

必矣與戰而勝必以其兵臨晉君爲之柰何定
公曰何以待之子貢曰修兵伏卒子貢傳伏作休以待之
晉君許之子貢返魯吳王果與九郡之兵將與
齊戰道出胥門因過姑胥之臺忽晝假寐於姑
胥之臺而得夢及寤而起其心恬然悵焉乃命
太宰嚭告曰寡人晝卧有夢覺而恬然悵焉請
占之得無所憂哉夢入章明宮見兩䥶音歷鬲屬蒸
而不炊兩黑犬嘷以南嘷以北兩鋘音吳刀名鋙鋘山出金作
刀可切玉殖吾宮牆流水湯湯音商流貌越吾宮堂後房

鼓震篋篋有鍛工前園橫生梧桐子爲寡人占之太宰嚭曰美哉王之興師伐齊也臣聞章者德鏘鏘也明者破敵聲聞功朗明也兩鑑蒸而不炊者大王聖德氣有餘也兩黑犬嘷以南嘷以北者四夷已服朝諸侯也兩鋘殖宮牆者農夫就成田夫耕也湯湯越宮堂者鄰國貢獻財有餘也後房篋篋鼓震有鍛工者宮女悅樂琴瑟和也前園橫生梧桐者樂府鼓聲也吳王大悅而其心不已召王孫駱問曰寡人忽晝夢爲

于陳之王孫駱曰臣鄙淺於道不能博大今王所夢臣不能占其有所知者東掖門亭長長城公弟（越絕長城公弟作越公弟子）公孫聖聖爲人少而好游長而好學多見博觀知鬼神之情狀願王問之王乃遣王孫駱往請公孫聖曰吳王晝臥姑胥之臺忽然感夢覺而悵然使子占之急詣姑胥之臺公孫聖伏地而泣有頃而起其妻從旁謂聖曰子何性鄙希睹人主卒得急召涕泣如雨公孫聖仰天歎曰悲哉非子所知也今日壬午時加

南方命屬上天不得逃亡非但自哀誠傷吳王
妻曰子以道自達於主有道當行上以諫王下
以約身今聞急召憂惑潰亂非賢人所宜公孫
聖曰愚哉女子之言也吾受道十年隱身避害
欲紹壽命不意卒得急召中世自棄故悲與子
相離耳遂去詣姑胥臺吳王曰寡人將北伐齊
魯道出胥門過姑胥之臺忽然晝夢子爲占之
其言吉凶公孫聖曰臣不言身名全言之必死
百段於王前然忠臣不顧其軀乃仰天歎曰臣

聞好船者必溺好戰者必亡臣好直言不顧於
命願王圖之臣聞章者戰不勝敗走傽偟也明
者去昭昭就冥冥也入門見鑊蒸而不炊者大
王不得火食也兩黑犬嘷以南嘷以北者黑者
陰也北者匿也兩鋘殖宮墻者越軍入吳國伐
宗廟掘社稷也流水湯湯越宮堂者宮空虛也
後房鼓震篋篋者坐太息也前園横生梧桐者
梧桐心空不爲用器但爲盲僮越絶盲作肓僮作當若是與死
人俱葬也願大王按兵修德無伐於齊則可銷

也遣下吏太宰嚭王孫駱解冠幘肉袒徒跣稽首謝於勾踐國可安存也身可不死矣吳王聞之索然作怒乃曰吾天之所生神之所使顧力士石番以鐵鎚擊殺之聖乃仰頭向天而言曰吁嗟天知吾之冤乎忠而獲罪身死無辜以葬我以爲直者不如相隨爲柱提我至深山後世相屬爲聲響於是吳王乃使門人提之蒸丘（一名蒸山又名陽山在吳縣西北三十里）豺狼食汝肉野火燒汝骨東風數至飛揚汝骸骨肉縻爛何能爲聲響哉太宰嚭趨

進曰賀大王喜災已滅矣因舉行觴兵可以行
吳王乃使太宰嚭爲右校司馬王孫駱爲左校
及從勾踐之師伐齊伍子胥聞之諫曰臣聞興
十萬之衆奉師千里百姓之費國家之出日數
千金不念士民之死而爭一日之勝臣以爲危
國亡身之甚且與賊居不知其禍外復求怨徼
幸他國猶治救瘑（古禾切瘑瘡也）疥而棄心腹之疾發當死
矣瘑疥皮膚之疾不足患也今齊陵遲千里之
外更歷楚趙之界齊爲疾其疥耳越之爲病乃

心腹也不發則傷動則有死願大王定越而後
圖齊臣之言決矣敢不盡忠臣今年老耳目不
聰以狂惑之心無能益國竊觀金匱第八其可
傷也吴王曰何謂也子胥曰今年七月辛亥平
旦大王以首事辛歲位也亥陰前之辰也合壬
子歲前合也利以行武武決勝矣然德在合斗
擊丑丑辛之本也大吉爲白虎而臨辛功曹爲
太常所臨亥大吉得辛爲九醜又與白虎并重
有人若以此首事前雖小勝後必大敗天地行

殃禍不久矣吳王不聽遂九月使太宰嚭伐齊軍臨北郊吳王謂嚭曰行矣無忘有功無赦有罪愛民養士視如赤子與智者謀與仁者友太宰嚭受命遂行吳王召大夫被離問曰汝常與子胥同心合志并慮一謀寡人興師伐齊子胥獨何言焉被離曰子胥欲盡誠於前王自謂老狂耳目不聰不知當世之所行無益吳國王遂伐齊齊與吳戰於艾陵（齊地）之上齊師敗績吳王既勝乃使行人成好於齊曰吳王聞齊有沒水

之慮帥軍來觀而齊興師蒲草吳不知所安集
設陣爲備不意頗傷齊師願結和親而去齊王
曰寡人處此北邊無出境之謀今吳乃濟江淮
踰千里而來我壤土戮我衆庶賴上帝哀存國
猶不至顛隕王今讓以和親敢不如命吳齊遂
盟而去吳王還乃讓子胥曰吾前王履德明達
於上帝垂功用力爲子西結彊讎於楚今前王
譬若農夫之艾（與刈同漢書項羽傳斬將艾旗賈誼策若艾草菅並音刈）殺四方蓬蒿
以立名于荆蠻斯亦大夫之力今大夫昏耄而

不自安生變起詐怨惡而出出則罪吾士衆亂
吾法度欲以妖孽挫衂吾師賴天降哀齊師受
服寡人豈敢自歸其功乃前王之遺德神靈之
祐福也若子於吳則何力焉伍子胥攘臂大怒
釋劒而對曰昔吾前王有不庭之臣以能遂疑
計不陷於大難今王播棄所患外不憂此孤僮
之謀非霸王之事天所未棄必趨其小喜而近
其大憂王若覺寤吳國世世存焉若不覺寤吳
國之命斯促矣員不忍稱疾辟易乃見王之爲

擒貪誠前死掛子胥傳作抉吾目於門以觀吳國之喪
吳王不聽坐於殿上獨見四人向庭相背而倚
王怪而視之羣臣問曰王何所見王曰吾見四
人相背而倚聞人言則四分走矣子胥曰如王
言將失衆矣吳王怒曰子言不祥子胥曰非惟
不祥王亦亡矣後五日吳王復坐殿上望見兩
人相對北向人殺南向人王問羣臣見乎曰無
所見子胥曰王何見王曰前日所見四人今日
又見二人相對北向人殺南向人子胥曰臣聞

四人走叛也北向殺齊向臣殺君也王不應其
王置酒文臺之上羣臣悉在太宰嚭執政越王
侍坐子胥在焉王曰寡人聞之君不賤有功之
臣父不憎有力之子今太宰嚭爲寡人有功吾
將爵之上賞越王慈仁忠信以孝事於寡人吾
將復增其國以還助伐之功於衆大夫如何羣
臣賀曰大王躬行至德虛心養士羣臣並進見
難爭死名號顯著威震四海有功蒙賞亡國復
存霸功王事咸被羣臣於是子胥據地垂涕曰

於乎哀哉遭此默默忠臣掩口讒夫在側政敗
道壞諂諛無極邪說僞辭以曲爲直舍讒攻忠
將滅吳國宗廟旣夷社稷不食城郭丘墟殿生
荆棘吳王大怒曰老臣多詐爲吳妖孽乃欲專
權擅威獨傾吾國寡人以前王之故未忍行法
今退自計無沮吳謀子胥曰今臣不忠不信不
得爲前王之臣臣不敢愛身恐吳國之亡矣昔
者桀殺關龍逢紂殺王子比干今大王誅臣參
於桀紂大王勉之臣請辭矣子胥歸謂被離曰

吾貫弓接矢於鄭楚之界越渡江淮自致於斯前王聽從吾計破楚見凌之讎欲報前王之恩而至於此吾非自惜禍將及汝被離曰未諫不聽自殺何益何如亡乎子胥曰亡臣安往吴王聞子胥之怨恨也乃使人賜屬鏤之劍屬鏤劍名鏤力俱切又力候切子胥受劍徒跣褰裳下堂中庭仰天呼怨曰吾始爲汝父忠臣立吴設謀破楚南服勁越威加諸侯有霸王之功今汝不用吾言反賜我劍吾今日死吴宮爲墟庭生蔓草越人掘汝社

稷安忘我乎昔前王不欲立汝我以死爭之卒得汝之願公子多怨於我我徒有功於吳今乃忘我定國之恩反賜我死豈不謬哉吳王聞之大怒曰汝不忠信爲寡人使齊託汝子於齊鮑氏有我外之心急令自裁孤不使汝得有所見子胥杞劍仰天歎曰自我死後後世必以我爲忠上配夏殷之世亦得與龍逢比干爲友遂伏劒而死左傳哀公十一年吳王賜子胥屬鏤以死是爲夫差十二年此書載其事於十三年或者子胥十二年使齊十三年反役左氏連書之耳吳王乃取子胥屍盛以鴟夷之器子胥傳名盛以鴟

夷革應劭曰取馬革為鴟夷鴟夷榼形投之於江中言曰胥汝一死之後何能有知即斷其頭置高樓上謂之曰日月炙汝肉飄風飄汝眼炎光燒汝骨魚鼈食汝肉汝骨變形灰有何所見乃棄其軀投之江中子胥因隨流揚波依潮來往蕩激崩岸於是吳王謂被離曰汝嘗與子胥論寡人之短乃髡被離而刑之王孫駱聞之不朝王召而問曰子何非寡人而不朝乎駱曰臣恐耳曰子以我殺子胥為重乎駱曰大王氣高子胥位下王誅之臣命

何異於子胥臣以是怨也王曰非聽宰嚭以殺子胥子胥圖寡人也駱曰臣聞人君者必有敢諫之臣在上位者必有敢言之交夫子胥先王之老臣也不忠不信不得爲前王臣吴王中心懆然悔殺子胥豈非宰嚭之讒子胥而欲殺之駱曰不可王若殺嚭此爲二子胥也於是不誅

十四年夫差既殺子胥連年不熟民多怨恨吴王復伐齊闕（闕義與掘同左傳闕地及泉是也國語解闕穿也）爲闌溝於商魯之間北屬蘄（國語作沂者是）西屬濟欲與魯晉合攻於黄池

之上恐羣臣復諫乃令國中曰寡人伐齊有敢
諫者死太子友知子胥忠而不用太宰嚭佞而
專政欲切言之恐罹尤也乃以諷諫激於王清
旦懷丸持彈從後園而來衣袷（袷當作洽沾也）履濡王怪
而問之曰子何爲袷衣濡履體如斯也太子友
曰適遊後園聞秋蜩之聲往而觀之夫秋蟬登
高樹飲清露隨風撝撓長吟悲鳴自以爲安不
知螳螂超枝緣條曳腰聳距而稷其形夫螳螂
翕心而進志在有利不知黃雀盈綠林徘徊枝

陰蹀躞微進欲啄螳螂夫黃雀但知伺螳螂之
有味不知臣挾彈危擲蹭蹬飛丸而集其背今
臣但虛心志在黃雀不知空埳其旁闇忽埳中
陷於深井臣故袷體濡履幾為大王取笑王曰
天下之愚莫過於斯但貪前利不覩後患太子
曰天下之愚復有甚者魯承周公之末有孔子
之教守仁抱德無欲於鄰國而齊舉兵伐之不
愛民命惟有所獲夫齊徒舉而伐魯不知吳悉
境內之士盡府庫之財暴師千里而攻之夫吳

徒知踰境征伐非吾之國不知越王將選死士出三江之口（三江一說松江錢塘浦陽江也吳都賦註松江下七十里分流東北入海者爲婁江東南流者爲東江幷松江爲三江今其地亦名三江口即范蠡乘舟所出之地）入五湖之中（五湖一說貢湖遊湖胥湖梅梁湖金鼎湖也韋昭曰胥湖蠡湖洮湖滆湖就太湖而五虞翻云太湖之水通五道謂之五湖）屠我吳國滅我吳宮天下之危莫過於斯也吳王不聽太子之諫遂北伐齊越王聞吳王伐齊使范蠡洩庸率師屯海通江以絕吳路敗太子友於始熊夷（始當作姑國語敗王子友於姑熊夷韋昭解姑熊夷吳郊也）通江淮轉襲吳遂入吳國燒姑胥臺徙其大舟（即餘皇舟也）吳敗齊師於艾陵之上還師

臨晉與定公爭長未合邊候吳王夫差大懼合諸侯謀曰吾道遼遠無會前進孰利王孫駱曰不如前進則執諸侯之柄以求其志請王屬士以明其令勸之以高位辱之以不從令各盡其死夫差昏秣馬食（音飼）士服兵被甲勒馬銜枚出火於造闉行而進吳師皆文犀長盾扁諸之劍（闔廬既鑄干將莫耶二劍餘鑄得三千並號扁諸之劍）方陣而行中校之軍皆白裳白髦素甲素羽之矰（短矢韋昭曰矢名）望之若荼（周禮掌[illegible]聚之欲其荼白也註韋革遠眂之當如茅莠之色詩有女如荼箋荼英荼也孔氏曰荼是茅草秀出之穗英是白貌）王親秉鉞

載旗以陣而立左軍皆赤裳赤髦丹甲朱羽之矰望之若火右軍皆玄裳玄輿黑甲烏羽之矰望之如墨帶甲三萬六千雞鳴而定陣去晉軍一里天尚未明王乃親鳴金鼓三軍譁吟以振其旅其聲動天徙地晉大驚不出反距堅壘乃令童褐請軍（國語作董褐請事董褐晉大夫司馬演也請問也）曰兩軍邊（國語作偃）兵接好日中無期今大國越次而造弊邑之軍壘敢請辭故（國語辭作亂謂先期亂次之故）吴王親對曰天子有命周室卑弱約諸侯貢獻莫入王府上帝鬼神而

不可以告無姬姓之所振懼遣使來告冠蓋不絶於道周依負於晉故忽於夷歡今晉今反叛如斯吾是以蒲服就君史記范睢云膝行蒲服詩匍匐救之檀弓云扶服其義皆同言盡力不肯長弟徒以爭彊孤進不敢去君不命也長爲諸侯笑孤之事君決決字疑衍在今日不得事君命命字當作亦在今日矣敢煩使者往來孤躬親聽命於藩籬之外童褐將還吳王躡左足與褐決矣及報與諸侯大夫列坐於晉定公前既以通命乃告趙鞅曰臣觀吳王之色類有大憂小則

釐妾嫡子死否則吳國有難大則越人入不得還也其意有愁毒之憂進退輕難不可與戰主君宜許之以前期無以爭行而危國也然不可徒許必明其信趙鞅許諾入謁定公曰姬姓於周吳爲先老可長以盡國禮定公許諾命童褐復命於是吳王愧晉之義乃退幕而會二國君臣並在吳王稱公前（國語前字下有歃字）晉侯次之羣臣畢盟吳既長晉而還未踰於黄池越聞吳王久留未歸乃悉士衆將踰章山（章山即禹貢所謂內方在江夏郡竟陵縣東北今荆門長林縣西三

江而欲伐之兵又恐齊宋之爲害乃命王孫駱告勞于周曰昔楚不承供貢辟遠兄弟之國吾前君闔閭不忍其惡帶劍挺鈹與楚昭王相逐於中原天舍其忠（國語作衷）楚師敗績今齊不賢（國語作鑒）於楚又不恭王命以遠辟兄弟之國夫差不忍其惡被甲帶劍徑至艾陵天福於吳齊師還鋒而退夫差豈敢自多其功是文武之德所祐助時歸吳不熟於歲遂緣江泝淮（緣當作沿順流而下泝逆流而上）闕溝深水出於商魯之間而歸告於天子執事[illegible]

王答曰伯父令子來盟國一人則依矣余實嘉之伯父若能輔余一人則兼受永福周室何憂焉乃賜弓弩毛作以增號謚（已上所記與國語大同小異惟太子友之諫國語不載）吳王還歸自池（池字上當有黃字）息民散兵

二十年越王興師伐吳吳與越戰於檇李吳師大敗軍散死者不可勝計越追破吳吳王困急使王孫駱稽首請成如越之來也越王對曰昔天以越賜吳吳不受也今天以吳賜越其可逆乎吾請獻勾甬東之地（勾句章甬甬江東東境也杜預曰甬東會稽句章縣東海中洲也今）

鄞縣境句音勾又九具切吾與君爲二君乎吳王曰吾之在周
禮前王一飯如越王不忘周室之義而使爲附
邑亦寡人之願也行人請成列國之義惟君王
有意焉大夫種曰吳爲無道今幸擒之願王制
其命越王曰吾將殘汝社稷夷汝宗廟吳王默
然請成七反越王不聽
二十三年十月越王復伐吳魯哀公十三年十七年越一再伐吳二十年越圍吳皆夫差十四年十八年二十一年事此書皆不載史於夫差二十年書越復伐吳乃哀公十九年也傳止云侵楚以誤吳杜預解誤吳使不爲備初無伐吳事此云越復伐吳則哀公二十二年傳書越滅吳之歲也吳國困不戰士卒分散

城門不守遂屠吳吳王率羣臣遁去晝馳夜走
三日三夕達於秦餘杭山（即陽山別名）胷中愁憂目視茫
茫行步猖狂腹餒口飢顧得生稻而食之伏地
而飲水顧左右曰此何名也對曰是生稻也吳
王曰是公孫聖所言不得火食走傽偟也王孫
駱曰飽食而去前有胥山（在吳縣西四十里子胥傳云吳王取子胥尸浮之江中吳人憐之為立祠於江上因命曰胥山寰宇記亦同）西坂中可以匿止王行有頃因得
生瓜已熟吳王掇而食之謂左右曰何冬而生
瓜近道人不食何也左右曰謂糞種之物人不

食也吳王曰何謂糞種左右曰盛夏之時人食
生瓜起居道傍子復生秋霜惡之故不食吳王
歎曰子胥所謂旦食者也謂太宰嚭曰吾戮公
孫聖投胥山之巔吾以畏責天下之慙吾足不
能進心不能往太宰嚭曰死與生敗與成故有
避乎王曰然曾無所知乎子試前呼之聖在當
即有應吳王止秦餘杭山呼曰公孫聖三反呼
聖從山中應曰公孫聖三呼三應吳王仰天呼
曰寡人豈可返乎寡人世世得聖也得字下當有罪字越絕云

令寡人得邪諱世世相若須臾越兵至三圍吳范蠡在中行左手
提鼓右手操枹而鼓之吳王書其矢而射種蠡
之軍辭曰吾聞狡兔以死良犬就烹敵國如滅
謀臣必亡今吳病矣大夫何慮乎大夫種相國
蠡急而攻大夫種書矢射之曰上天蒼蒼若存
若亡越君勾踐下臣種敢言之昔天以越賜吳
吳不肯受是天所反勾踐敬天而功既得返國
今上天報越之功敬而受之不敢忘也且吳有
大過六以至于亡王知之乎有忠臣伍子胥忠

諫而身死大過一也公孫聖直說而無功大過
二也太宰嚭愚而佞言輕而讒諛妄語恣口聽
而用之大過三也夫齊晉無返逆行無僭後之
過而吳伐二國辱君臣毀社稷大過四也且吳
與越同音共律上合星宿下共一理而吳侵伐
大過五也昔越親戕吳之前王罪莫大焉而幸
伐之不從天命而棄其仇後爲大患大過六也
徐天祜曰夫差惑於宰嚭之言忘父之讎釋越不誅爲不孝然在越則幸吳擄爲責吳君若曰因辱吾君與君夫人使坐芻養馬給水除糞猶爲有辭今而曰越之罪莫大焉而以吳赦越爲大過種也無乃失辭乎
越王謹上刻青天敢不

如命大夫種謂越君曰中冬氣定天將殺戮不
行天殺反受其殃越王敬拜曰諾今圖吳王將
爲何如大夫種曰君被五勝之衣帶步光之劒
仗屈盧之矛瞋目大言以執之越王曰諾乃如
大夫種辭吳王曰誠以今日聞命言有頃吳王
不自殺越王復使謂曰何王之忍辱厚恥也世
無萬歲之君死生一也今子尚有遺榮何必使
吾師衆加刃於王吳王仍未肯自殺勾踐謂種
蠡曰二子何不誅之種蠡曰臣人臣之位不敢

加誅於人主顧主急而命之天誅當行不可久留越王復瞋目怒曰死者人之所惡惡者無罪於天不負於人今君抱六過之罪不知愧辱而欲求生豈不鄙哉吳王乃太息四顧而望言曰諾乃引劍而伏之死越王謂太宰嚭曰子爲臣不忠無信亡國滅君乃誅嚭并妻子吳世家曰越王滅吳誅太宰嚭越世家亦曰越王乃葬吳王而誅太宰嚭此書又云并誅其妻子則吳王之自殺也嚭亦同時就誅矣徐天祜曰愚按越滅吳之後二年是爲哀公二十四年公如越將妻公而多與之地季孫懼使因太宰嚭而納賂焉乃止然則吳之亡也嚭遂臣越夫固無恙也史世家及此書所載何其與左氏相戾也且嚭以貪而復至於亡國喪君死有餘戮越人既[illegible]之[illegible]後而誅[illegible]豈[illegible]與嚭嘗私越而不以其不忠爲罪則漢丁公之戮可以戒天下之爲人臣

(者越於是卒失刑矣)吳王臨欲伏劍顧謂左右曰吾生既慚死亦愧矣使死者有知吾羞前君地下不忍覩忠臣伍子胥及公孫聖使其無知吾負於生死必連繴(國語組上有結字)組以罩吾目恐其不蔽願復重羅繡三幅以為掩明生不昭我死勿見我形吾何可哉越王乃葬吳王以禮於秦餘杭山卑猶(越絶曰夫差冢在猶亭西卑猶位近太湖去縣十七里索隱曰猶亭亭名卑猶位三字共為地名吳地記曰徐杭山一名卑猶山是也)越王使軍士集于我戎之功人一隰(越絶隰作累)土以葬之宰嚭亦葬卑猶之旁(越絶言宰嚭之死者五曰驁夫差之殺太宰嚭曰殺太宰嚭逄同與其妻子)

曰殺夫差而戮其相曰殺太宰嚭戮其妻子曰禽夫差而戮太宰嚭
與其妻子又曰三臺者嚭妻子死所也常疑越絕書非子貢作特後
人托名耳何以知其非子貢作越絕內傳於說陳成恒之事終之曰
子貢一出存魯亂齊破吳彊晉霸越是也斯言也乃後之人爲其
是非子貢之言也且他文亦不類或者所載未必盡實宰嚭得保首
領以沒蓋幸而免前既備論之矣此書謂亦葬卑猶之旁豈其後嚭
死於越而返葬於吳耶然吳時諸冢墓如巫臣要離干將之類皆具
載圖志獨不及宰嚭冢何也

吳越春秋夫差內傳第五

吳越春秋越王無余外傳第六

後漢趙曄撰

越之前君無余者無余禹之六世孫少康之庶子也初受封於越越舊經作無餘夏禹之末封也禹父鯀者帝顓頊之後帝王世紀曰鯀帝顓頊之子字熙連山易曰鯀封於崇故國語謂之崇伯鯀史記曰鯀之父帝顓頊世本亦以鯀爲顓頊子漢律曆志則曰顓頊五世而生鯀通鑑外紀從之司馬貞曰太史公以鯀爲顓頊之子其世太遠班固以爲五世孫近得之此書以爲顓頊之後曰後者可以通子孫言之也鯀娶於有莘氏之女名曰女嬉年壯未孳嬉於砥山得薏苡而吞之意若爲人所感因而姙孕剖脅而產高密世本曰鯀娶有辛氏女謂之女志是生高密宋忠曰高密禹所封國世紀曰鯀妻脩己見流星貫昴夢接意感又吞

神珠薏苡而生禹名文命字密史記以文命爲禹之名孔安國謂禹爲名張晏謂禹爲字今並存之家于西羌地曰石紐石紐在蜀西川也在茂州石泉縣其地有禹廟郡人相傳禹以六月六日生元和郡縣志禹汶山廣柔人生於石紐村水經註縣有石紐鄉禹所生也廣柔即今石泉軍帝堯之時遭洪水滔滔天下沉濆九州閼塞四瀆壅閉帝乃憂中國之不康悼黎元之罹咎乃命四嶽乃舉賢良將任治水自中國至于條方莫薦人帝靡所任四嶽乃舉鯀而薦之於堯帝曰鯀負命毁族不可尚書堯典作方命圮族史記五帝本紀作負命毁族正義曰負音佩違也鯀性很戾違負教命毁敗善類不可用也四嶽曰等之羣臣未有如鯀[illegible]者堯用治水受命九

載功不成帝怒曰朕知一不能也乃更求之得舜使攝行天子之政巡狩觀鯀之治水無有形狀乃殛鯀于羽山（地志在東海郡祝其縣南今海州朐山縣）鯀投于水化為黃能（能或作熊）因為羽淵之神（左傳昭公七年晉侯有疾夢黃熊入於寢門子產曰昔堯殛鯀於羽山其神化為黃熊以入于羽淵杜預解熊音雄獸名亦作能如字一音奴來切三足鱉也按說文及字林皆云能熊屬足似鹿然則能既熊屬又為鱉類作能者勝也東海人祭禹廟不用熊白及鱉為膳豈鯀化為二物乎）舜與四嶽舉鯀之子高密四嶽謂禹曰舜以治水無功舉爾嗣考之勳禹曰俞小子敢悉考績以統天意惟委（委字下當有任字）而已禹傷父功不成循江泝河盡濟甄（甄字不通疑暨字之誤）淮

乃勞身焦思以行七年聞樂不聽過門不入冠挂不顧履遺不躡功未及成愁然沉思乃案黃帝中經曆蓋聖人所記曰在于九山東南天柱號曰宛委（在會稽縣東南十五里一名玉笥山）赤帝在闕其巖之巔承以文玉覆以磐石其書金簡青玉爲字編以白銀皆瑑其文禹乃東巡登衡嶽血白馬以祭不幸所求禹乃登山仰天而嘯因夢見赤繡衣男子自稱玄夷蒼水使者聞帝使文命于斯故來候之非厥歲月將告以期無爲戲吟故倚歌覆

釜之山輿地志會稽山有石狀如覆甑謂之覆甑山一名釜山甑亦作釜史黃帝本紀曰合符釜山索隱以爲合諸侯符契圭瑞而朝之於釜山在嬀州懷戎縣北三里非此之釜山也東顧謂禹曰欲得我山神書者齋於黃帝巖嶽之下三月庚子登山發石金簡之書存矣禹退又齋三月庚子登宛委山發金簡之書案金簡玉字得通水之理徐天祜曰禹未嘗兩至越其至越在會計之時非治水時也禹貢記南方山川多與今不合禹治水時未嘗親至南方故也孟子曰禹八年于外而禹貢云作十有三載乃同或者以爲此禹治水之年通鯀九載言之也馬融曰禹治水三年而八州平是十二年而八州平十三年而兖州平兖州平在舜受終之年然則禹之成功不過三四年間耳此書謂勞身焦思七年功未又成乃東巡登宛委發金簡之書得通水之理使禹之治水七年而後得禪書始知通水之理不已晩乎諸若此類蓋傳疑尚矣復返歸嶽乘四載陸行乘車水行乘船泥行乘橇

山行乘欙欙音蘲欙丘遥切以行川始於霍山南嶽衡山又名霍山秦與嶽衡與霍皆一山二名徊
集五嶽詩云信彼南山惟禹甸之遂巡行四瀆
與益夔共謀行到名山大澤召其神而問之山
川脉理金玉所有鳥獸昆蟲之類及八方之民
俗殊國異域土地里數使益疏而記之故名之
曰山海經禹三十未娶行到塗山會稽志塗山在山陰縣西北四十五里蘇
鶚演義塗山有四一會稽二渝州巴南舊江州三濠州四當塗縣按左
氏昭公四年傳穆有塗山之會哀公七年傳禹合諸侯于塗山杜預解
並云在壽春東北說者曰今濠州也柳宗元塗山銘序曰周穆遐追遺
法復會于是山然則禹與穆王皆嘗會諸侯於塗山矣然非必皆壽春
也若禹之所娶則未詳何地水經註江州縣水北岸有塗山南有夏禹
廟塗君祠廟銘存焉常璩庾仲雍並言禹娶於此越絕等書乃云禹娶

會稽塗山應劭曰在永興北永興今蕭山縣也又輿郡志所載[illegible]蓋會稽實禹會侯計功之地非所娶之國下文兼載白狐九尾之事其尤爲可疑
恐時之暮失其度制乃辭云吾娶也必有應
矣乃有白狐九尾造於禹禹曰白者吾之服也
其九尾者王之證也塗山之歌曰綏綏白狐九
尾痝痝我家嘉夷來賓爲王成家成室我造彼
昌天人之際於茲則行明矣哉禹因娶塗山謂
之女嬌取辛壬癸甲呂氏春秋曰禹娶塗山氏女不以私害公自辛至甲四日復往治水禹行
十月女嬌生子啓啓生不見父晝夕呱呱啼泣
禹行使太章步東西豎亥度南北淮南子禹乃使太章步自東極至于西

垂豎亥步自南極盡於北垂許慎曰太章豎亥善行人皆禹臣暢八極之廣旋天地之數

禹濟江南省水理黃龍負舟舟中人怖駭禹乃啞烏格切笑聲易震卦笑言啞啞音同然而笑曰我受命於天竭力以勞萬民生性也死命也爾何爲者顔色不變謂舟人曰此天所以爲我用龍曳尾舍舟而去南到討於蒼梧檀弓舜葬于蒼梧之野史記舜死於蒼梧之野葬於九疑今九疑山在道州寧遠縣南六十里亦名蒼梧山而見縛人禹拊其背而哭益曰斯人犯法自合如此哭之何也禹曰天下有道民不罹辜天下無道罪及善人吾聞一男不耕有受其飢

一女不桑有受其寒吾爲帝統治水土調民安居使得其所今乃羅法如斯此吾德薄不能化民證也故哭之悲耳於是周行寓內東造絕迹西延積石地志在金城郡河關縣西南今鄯州龍支縣界南踰赤岸水經新安縣南白石山名廣陽山水曰赤岸水北過寒谷劉向别錄燕有黍谷地美而寒不生五穀鄒子居之吹律而溫氣至左思賦寒谷豐黍吹律以煖之徊崑崙崑崙說曰崑崙之山三級下曰樊桐一名板松中曰玄圃一名閬風上曰層城一名天庭地理志在臨羌西即河源所出察六扈脉地理名金石寫流沙於西隅地理志流沙在居延西北杜佑曰在沙州西八十里其沙隨風流行故曰流沙決弱水於北漢地理志弱水在張掖刪丹縣柳宗元曰水散渙無力不能負芥投之則委靡墊沒及底而後止故曰弱青泉赤淵分入洞穴

通江東流至於碣石地志在北平郡驪戎縣西南今平州之南疏九河於濬淵開五水於東北鑿龍門地志在馮翊夏陽縣今河中府龍門縣闢伊闕在洛陽西南五十里禹疏以通水兩山相對望之若闕伊水歷其間北流故曰伊闕平易相土觀地分州殊方各進有所納貢民去崎嶇歸於中國堯曰俞以固冀於此乃號禹曰伯禹官曰司空賜姓姒氏領統州伯以巡十二部堯崩禹服三年之喪如喪考妣晝哭夜泣氣不屬聲堯禪位于舜舜薦大禹改官司徒內輔虞位外行九伯舜崩禪位命禹禹服三年形體枯槁面目黎黑

讓位商均退處陽山之南史記註劉熙曰今潁川陽城是也陰阿之北萬民不附商均追就禹之所狀若驚鳥揚天駭魚入淵晝歌夜吟登高號呼曰禹棄我如何所戴禹三年服畢哀民不得已即天子之位三載考功五年政定周行天下歸還大越登茅山史記註禹到大越上苗山十道志會稽山本名茅山一名苗山以朝四方羣臣觀示中州諸侯防風後至斬以示衆示天下悉屬禹也乃大會計治國之道內美釜山州慎慎當作鎮之功外演聖德以應天心遂更名茅山曰會稽之山因

傳國政休養萬民國號曰夏后封有功爵有德惡無細而不誅功無微而不賞天下喁喁若兒思母子歸父而留越恐羣臣不從言曰吾聞食其實者不傷其枝飲其水者不濁其流吾獲覆釜之書得以除天下之災令民歸於里閭其德彰彰若斯豈可忘乎乃納言聽諫安民治室居靡山伐木爲邑畫作印横木爲門調權衡平斗斛造井示民以爲法度鳳凰棲於樹鸞鳥巢於側麒麟步於庭百鳥佃於澤遂已耆艾將老歎

曰吾晏歲年暮壽將盡矣止絶斯矣命羣臣曰吾百世之後葬我會稽之山葦樽桐棺（墨子曰禹葬會稽衣衾三領桐棺三寸）穿壙七尺下無及泉墳高三尺土階三等葬之後曰無改畝以爲居之者樂爲之者苦禹崩之後衆瑞並去天美禹德而勞其功使百鳥還爲民田大小有差進退有行一盛一衰往來有常禹崩傳位與益益服三年思禹未嘗不言喪畢益避禹之子啓於箕山之陽（史記注劉熙曰嵩高之北）諸侯去益而朝啓曰吾君帝禹子也啓遂即天子

之位治國於夏遵禹貢之美悉九州之土以種五穀累歲不絕啓使使以歲時春秋而祭禹於越立宗廟於南山之上禹以下六世而得帝少康少康恐禹祭之絕祀乃封其庶子於越號曰無余余始受封人民山居雖有鳥田之利（地理志山上有禹井禹祠相傳下有羣鳥耘田也水經註鳥爲之耘春拔草根秋啄其穢）租貢纔給宗廟祭祀之費乃復隨陵陸而耕種或逐禽鹿而給食無余質朴不設宮室之飾從民所居春秋祠禹墓於會稽（皇覽曰禹冢在會稽山上）無余傳世十餘末君微劣不

能自立轉從衆庶爲編戶之民禹祀斷絕十有
餘歲有人生而言語其語曰鳥禽呼嚥喋嚥喋
指天向禹墓曰我是無余君之苗末我方修前
君祭祀復我禹墓之祀爲民請福於天以通鬼
神之道衆民悅喜皆助奉禹祭四時致貢因共
封立以承越君之後復夏王之祭安集鳥田之
瑞以爲百姓請命自後稍有君臣之義號曰無
壬壬生無驛驛專心守國不失上天之命無驛
卒或爲夫譚夫譚生元常元當作允常立當吳王壽

夢諸樊闔閭之時越之興霸自元常矣越世家二十餘世至於允常高氏越史曰夏自少康至桀凡十二世按少康元年壬午至周敬王元年壬午凡一千五百六十一年吳之伐越見春秋魯哀公二十二年敬王十年也至是一千五百七十年矣越之有國至於允常何止二十餘世耶

吳越春秋越王無余外傳第六

吳越春秋勾踐入臣外傳第七

越王勾踐五年五月與大夫種范蠡 呂氏春秋高誘解范蠡楚三戶人也字少伯大夫種姓文氏字會楚之鄒人按鄒本鄒子之國此云楚之鄒人蓋鄒爲楚所幷爾又太史公素王妙論曰范蠡本南陽人列仙傳云徐人索隱曰大夫官種名也一云大夫姓猶司馬司空之比今按大夫官名如以爲姓也則太夫逢同大夫皐如等豈皆其姓耶 入臣於吳羣臣皆送至浙江之上臨水祖道 祖餞行也 軍陣固陵 范蠡教兵城也水經註浙江又逕固陵城北昔范蠡築城於浙江之濵言可以固守謂之固陵今之西陵也即今西興 大夫文種前爲祝其詞曰皇天祐助前沉後揚禍爲德根憂爲福堂威人者滅服從者昌王雖牽致其後無殃君臣生離感動上皇衆夫哀悲

莫不感傷臣請薦脯行酒二觴越王仰天太息
舉杯垂涕默無所言種復前祝曰大王德壽無
疆無極乾坤受靈神祇輔翼我王厚之祉祐在
側德銷百殃利受其福去彼吳庭來歸越國觴
酒既升請稱萬歲越王曰孤承前王餘德守國
於邊幸蒙諸大夫之謀遂保前王丘墓今遭辱
恥爲天下笑將孤之罪耶諸大夫之責也吾不
知其咎願二三子論其意大夫扶同（史記作逢同）曰何
言之鄙也昔湯繫於夏臺（史夏紀桀曰吾悔不遂殺湯於夏臺索隱夏臺獄名夏曰均臺）

皇甫謐云地在陽翟伊尹不離其側文王囚於石室地理志河內湯陰有羑里
城西伯所拘處此云石室疑即所囚之室也羑音酉太公不棄其國興衰在天存亡
繫於人湯改儀而媚於桀文王服從而幸於紂
夏殷恃力而虐二聖兩君屈己以得天道故湯
王不以窮自傷周文不以困爲病越王曰昔堯
任舜禹而天下治雖有洪水之害不爲人灾變
異不及於民豈況於人君乎大夫苦成曰不如
君王之言天有曆數德有薄厚黄帝不讓堯傳
天子三王臣弑其君五霸子弑其父德有廣狹

氣有高下今之世猶人之市置貨以設詐抱謀
以待敵不幸陷厄求伸而已大王不覺寤斯而
懷喜怒越王曰任人者不辱身自用者危其國
大夫皆前圖未然之端傾敵破讎坐招泰山之
福今寡人守窮若斯而云湯文囚厄後必霸何
言之違禮儀夫君子爭寸陰而棄珠玉今寡人
冀得免於軍旅之憂而復反係獲(獲當作於)敵人之
手身爲傭隸妻爲僕妾往而不返客死敵國若
魂魄有(此下當有知字)愧於前君其無知體骨棄捐何大

夫之言不合於寡人之意於是大夫種范蠡曰
聞古人曰居不幽志不廣形不愁思不遠聖曰
賢主皆遇困厄之難蒙不救之恥身拘而名尊
軀辱而聲榮處卑而不以爲惡居危而不以爲
薄五帝德厚而（而當作無）窮厄之恨然尚有泛濫之
憂（此下疑有闕文）三守暴因之辱不離三獄之囚泣涕而
受寃行哭而爲隸演易作卦（司馬遷書西伯拘而演周易）天道祐
之時過於期否終則泰諸侯並救王命見符朱
鬣玄狐（太公六韜曰商王拘周伯昌於姜里太公與散宜生以金十鎰求天下珍物以免君之罪於是得犬戎氏文馬豪毛）

朱鬣目黄金名雞斯之乘又淮南子曰散宜生以千金得騶虞之乘玄玉百穀大貝百朋玄豹黄熊青犴白虎文皮千合獻紂以免西伯羑里之囚此云玄孫當作玄豹輔臣結髮拆獄破械反國修德遂討其讎擢假海内若覆手背天下宗之功垂萬世大王屈厄臣誠盡謀夫截骨之劍無削劉之利缶鐵之矛無分髮之便建策之士無綦與之說今臣遂天文案墜籍二氣共萌存亡異處彼興則我辱我霸則彼亡二國爭道未知所就君王之危天道之數何必自傷哉夫吉者凶之門福者禍之根今大王雖在危困之際孰知其非

暢達之兆哉大夫計硯越絶硯作倪史貨殖傳越王勾踐困於會稽之上乃用范蠡計然計徐廣曰計然者范蠡之師也名研故諺曰研桑心筭裴駰案范子曰計然者葵丘濮上人姓辛氏字文子其先晉國亡公子也南游於越范蠡師事之蔡謨曰蠡所著書名計然蓋非也漢書古今人表計然列在第四倪與研聲相近而相亂耳曰今君王國於會

稽窮於入吳言悲辭苦羣臣泣之雖則恨悷之

心莫不感動而君王何爲謾辭譁說用而相欺

臣誠不取越王曰寡人將去入吳以國累諸侯

大夫願各自述吾將屬焉大夫皐如曰臣聞大

夫種忠而善慮民親其知士樂爲用今委國一

人其道必守何順心佛命羣臣佛符弗切大也詩佛時仔肩音弼詩亦作大言

一人足矣何必從心所欲夫命羣臣也大夫曳庸左傳作后庸國語作舌庸曰大夫文種
者國之梁棟君之爪牙夫驥不可與匹馳日月
不可並照君王委國於種則萬綱千紀無不舉
者越王曰夫國者前王之國孤力弱勢劣不能
遵守社稷奉承宗廟吾聞父死子代君亡臣親
今事棄諸大夫客官於吳委國歸民以付二三
子吾之由也亦子之憂也君臣同道父子共氣
天性自然豈得以在者盡忠亡者爲不信乎何
諸大夫論事一合一離令孤懷心不定也夫推

國任賢度功績成者君之命也奉教順理不失其
分（去聲）者臣之職也吾顧諸大夫以其所能而立其
委質而已於乎悲哉計硯曰君王所陳者固其
理也昔湯入夏付國於文祀西伯之殷委國於
二老今懷夏將滯志在於還夫適市之妻教嗣
糞除出亡之君勑臣守御子問以事臣謀以能
今君王欲士之所志各陳其情舉其能者議其
宜也越王曰大夫之論是也吾將逝矣願（願下舍有聞學）
諸君之風大夫種曰夫內修封疆之役外修耕

戰之備荒無遺土百姓親附臣之事也大夫范
蠡曰輔危主存亡國不恥屈厄之難安守被辱
之地往而必反與君復讎者臣之事也大夫苦
成曰發君之令明君之德窮與俱厄進與俱霸
統煩理亂使民知分去聲臣之事也大夫曳庸曰
奉令受使結和諸侯通命達旨賂往遺來解憂
釋患使無所疑出不忘命入不被尤臣之事也
大夫皓進曰一心齊志上與等之下不違令動
從君命修德履義守信溫故臨非決疑君誤臣

諫直心不撓舉過列平不阿親戚不私於外推
身致君終始一分臣之事也大夫諸稽郢曰望
敵設陣飛矢揚兵履腹涉屍血流滂滂貪進不
退二師相當破敵攻衆威凌百邦臣之事也大
夫皐如曰修德行惠撫慰百姓身臨憂勞動辭
躬親弔死存疾救活民命蓄陳儲新食不二味
國富民實爲君養器臣之事也大夫計硯曰候
天察地紀歷陰陽觀變參災分別妖祥日月含
色五精錯行福見知吉妖出知凶臣之事也越

王曰孤雖入於北國爲吳窮虜有諸大夫懷德抱術各守一分以保社稷孤何憂焉遂別於浙江之上羣臣垂泣莫不咸哀越王仰天歎曰死者人之所畏若孤之聞死其於心胷中曾無怵惕遂登船徑去終不返顧越王夫人乃據船哭顧烏鵲啄江渚之蝦飛去復來因哭而歌之曰仰飛鳥兮烏鳶凌玄虛號號當作兮翩翩集洲渚兮優恣啄蝦矯翮兮雲間任厥此闕一字兮往還妾無罪兮負地有何辜兮譴天颿颿凡梵兩音馬疾步獨兮西

往孰知返兮何年心惙惙（憂也詩憂心惙惙）兮若割淚泫
泫（胡犬切淚流貌）兮雙懸又哀今曰彼飛鳥兮鳶烏已迴
翔兮翕蘇心在專兮素蝦何居食兮江湖徊復
翔兮游颺去復返兮於乎始事君兮去家終我
命兮君都終來遇兮何幸（幸當作辜）離我國兮去吳
妻衣褐兮為婢夫去冕兮為奴歲遙遙兮難極
冤悲痛兮心惻腸千結兮服膺於乎哀兮忘食
願我身兮如鳥身翱翔兮矯翼去我國兮心搖
情憤惋兮誰識越王聞夫人怨歌心中內慟乃

曰孤何憂吾之六翮備矣於是入吳見夫差稽首再拜稱臣曰東海賤臣勾踐上愧皇天下負后土不裁功力汚辱王之軍士抵罪邊境大王赦其深辜裁加役臣使執箕帚誠蒙厚恩得保須臾之命不勝仰感俯愧臣勾踐叩頭頓首吳王夫差曰寡人於子亦過矣子不念先君之讎乎越王曰臣死則死矣惟太王原之伍胥在旁目若熛火聲如雷霆乃進曰夫飛鳥在青雲之上尚欲繳（音灼絲縷也）微矢以射之豈況近臥於華池

集於庭廡乎今越王放於南山之中游於不可
存之地幸來涉我壤土入吾梐梱此乃廚宰之
成事食也豈可失之乎吳王曰吾聞誅降殺服
禍及三世吾非愛越而不殺也畏皇天之咎教
而赦之太宰嚭諫曰子胥明於一時之計不通
安國之道願大王遂其所執無拘羣小之口夫
差遂不誅越王令駕車養馬祕於宮室之中三
月吳王召越王入見越王伏於前范蠡立於後
吳王謂范蠡曰寡人聞貞婦不嫁破亡之家仁

賢不官絶滅之國今越王無道國已將亡社稷
壞崩身死世絶爲天下笑而子及主俱爲奴僕
來歸於吴豈不鄙乎吾欲赦子之罪子能改心
自新棄越歸吴乎范蠡對曰臣聞亡國之臣不
敢語政敗軍之將不敢語勇臣在越不忠不信
今越王不奉大王命號用兵與大王相持至今
獲罪君臣俱降蒙大王鴻恩得君臣相保願得
入備掃除出給趨走臣之願也此時越王伏地
流涕自謂遂失范蠡矣吴王知范蠡不可得爲

臣謂曰子既不移其志吾復置子於石室之中
范蠡曰臣請如命吳王起入宮中越王范蠡趨
入石室越王服犢鼻着樵頭夫人衣無緣之裳
施左關之襦夫斫剉養馬妻給水除糞灑掃三
年不慍怒面無恨色吳王登遠臺望見越王及
夫人范蠡坐於馬糞之旁君臣之禮存夫婦之
儀具王顧謂太宰嚭曰彼越王者一節之人范
蠡一介之士雖在窮厄之地不失君臣之禮寡
人傷之太宰嚭曰願大王以聖人之心哀窮孤

之士吳王曰爲子赦之後三月乃擇吉日而欲赦之召太宰嚭謀曰越之與吳同土連域勾踐愚黠親欲爲賊寡人承天之神靈前王之遺德誅討越寇囚之石室寡人心不忍見而欲赦之於子柰何太宰嚭曰臣聞無德不復大王垂仁恩加越越豈敢不報哉願大王卒意（終其意也）越王聞之召范蠡告之曰孤聞於外心獨喜之又恐其不卒也范蠡曰大王安心事將有意在玉門第一今年十二月戊寅之日時加日出戊囚日

也寅陰後之辰也合庚辰歲後會也夫以戊寅
日聞喜不以其罪罰日也時加卯而賊戊功曹
爲騰蛇而臨戊謀利事在青龍青龍在勝先而
臨酉死氣也而剋寅是時剋其日用又助之所
求之事上下有憂此豈非天網四張萬物盡傷
者乎王何喜焉果子胥諫吴王曰昔桀囚湯而
不誅紂囚文王而不殺天道還反禍轉成福故
夏爲湯所誅殷爲周所滅今大王旣囚越君而
不行誅臣謂大王惑之深也得無夏殷之患乎

吴王遂召越王久之不見范蠡文種憂而占之曰吴王見擒也有頃太宰嚭出見大夫種范蠡而言越王復拘於石室伍子胥復諫吴王曰臣聞王者攻敵國克之則加以誅故後無報復之憂遂免子孫之患今越王已入石室宜早圖之後必爲吴之患太宰嚭曰昔者齊桓割燕所至之地以貺燕公（齊桓公救燕北伐山戎而還燕君送桓公出境桓公因割燕所至地予燕）而齊君獲其美名宋襄濟河而戰（宋襄公與楚成王戰于泓目夷曰及其未濟擊之公不聽已濟陣成宋人擊之宋師大敗公曰君子不阨人於阨不鼓不成列）春秋以多其義功立

而名稱軍敗而德存今大王誠赦越王則功冠於五霸名越於前古吳王曰待吾疾愈方爲太宰赦之後一月越王出（出當僻坐）石室召范蠡曰吳王疾三月不愈吾聞人臣之道主疾臣憂且吳王遇孤恩甚厚矣疾之無瘳惟公卜焉范蠡曰吳王不死明矣到己巳日當瘳惟大王留意越王曰孤所以窮而不死者賴公之策耳中復猶豫豈孤之志哉可與不可惟公圖之范蠡曰臣竊見吳王眞非人也數（色角切）言成湯之義而不

行之願大王請求問疾得見因求其糞而嘗之
觀其顔色當拜賀焉言其不死以瘳起日期之
既言信後則大王何憂越王明日謂太宰嚭曰
囚臣欲一見問疾太宰嚭即入言於吳王王召
而見之適遇吳王之便（平聲下同）太宰嚭奉溲惡以
出（溲所九切惡烏各切下同溲即便也惡大便也大小便亦曰前後溲見史倉公傳）逢戶中越王因
拜請嘗大王之溲以決吉凶即以手取其便與
惡而嘗之因入曰下囚臣勾踐賀於大王王之
疾至己巳日有瘳至三月壬申病愈吳王曰何

以知之越王曰下臣嘗事師聞糞者順穀味逆時氣者死順時氣者生今者臣竊嘗大王之糞其惡味苦且楚酸是味也應春夏之氣臣以是知之吴王大悦曰仁人也乃赦越王得離其石室去就其宫室執牧養之事如故越王從嘗糞惡之後遂病口臭范蠡乃令左右皆食岑草以亂其氣

> 會稽賦註岑草蕺也菜名擷之小有臭氣凶年民斸其根食之會稽志蕺山在府西北六里越王嘗採蕺于此

其後吴王如越王期日疾愈心念其忠臨政之後大縱酒於文臺吴王出令曰今日為越王陳北

面之坐羣臣以客禮事之伍子胥趨出到舍上
不御坐酒酣太宰嚭曰異乎今日坐者各有其
詞不仁者逃其仁者留臣聞同聲相和同心相
求今國相剛勇之人意者內慙至仁之存也而
不御坐其亦是乎吳王曰然於是范蠡與越王
俱起為吳王壽其辭曰下臣勾踐從小臣范蠡
奉觴上千歲之壽辭曰皇在上令昭下四時并
心察慈仁者大王躬親鴻恩立義行仁九德四
塞威服羣臣於乎休哉傳德無極上感太陽降

瑞翼翼大王延壽萬歲長保吳國四海咸承諸
侯賓服觴酒既升永受萬福於是吳王大悅明
日伍子胥入諫曰昨日大王何見乎臣聞內懷
虎狼之心外執美詞之說但爲外情以存其身
豺不可謂廉狼不可親今大王好聽須臾之說
不慮萬歲之患放棄忠直之言聽用讒夫之語
不滅瀝血之仇不絕懷毒之怨猶縱毛爐炭之
上幸其僛礑焦投卵千鈞之下望必全豈不殆
哉臣聞桀登高自知危然不知所以自安也前

鐻白刃自知死而不知所以自存也惑者知返迷道不遠願大王察之吳王曰寡人有疾三月曾不聞相國一言是相國之不慈也又不進口之所嗜心不相思是相國之不仁也夫爲人臣不仁不慈焉(於虔切何也)能知其忠信者乎越王迷惑棄守邊之事親將其臣民來歸寡人是其義也躬親爲虜妻親爲妾不慍寡人寡人有疾親嘗寡人之溲是其慈也虛其府庫盡其寶幣不念舊故是其忠信也三者旣立以養寡人寡人曾

聽相國而誅之是寡人之不智也而爲相國快
私意耶豈不負皇天乎子胥曰何大王之言反
也夫虎之卑勢將以有擊也狸之卑身將求所
取也雉以眩移拘於網魚以有悦死於餌且大
王初臨政負玉門之第九誡事之敗無咎矣今
年三月甲戌時加雞鳴甲戌歲位之會將也青
龍在酉德在土刑在金是日賊其德也知父將
有不順之子君有逆節之臣大王以越王歸吴
爲義以飲溲食惡爲慈以虛府庫爲仁是故爲

無愛於人其不可親面聽貌觀以存其身今越王入臣於吳是其謀深也虛其府庫不見恨色是欺我王也下飲王之溲者是上食王之心也下嘗王之惡者是上食王之肝也大哉越王之崇吳吳將爲所擒也惟大王留意察之臣不敢逃死以負前王一旦社稷丘墟宗廟荊棘其悔可追乎吳王曰相國置之勿復言矣寡人不忍復聞於是遂赦越王歸國送於蛇門之外羣臣祖道吳王曰寡人赦君使其返國必念終始王

其勉之越王稽首曰今大王哀臣孤窮使得生
全還國與種蠡之徒願死於轂下上天蒼蒼臣
不敢負吳王曰於乎吾聞君子一言不再今已
行矣王勉之越王再拜跪伏吳王乃引越王登
車范蠡執御遂去至三津之上仰天歎曰嗟乎
孤之屯厄誰念復生渡此津也謂范蠡曰今三
月甲辰時加日昳（徒結切日昃也梁元帝纂要日在未曰昳）孤蒙上天之
命還歸故鄉得無後患乎范蠡曰大王勿疑直
眂道行越將有福吳當有憂至浙江之上望見

大越山川重秀天地再清王與夫人歎曰吾已絶望永辭萬民豈料再還重復鄉國言竟揜面涕泣闌干文選註闌干多貌此時萬姓咸歡群臣畢賀

吳越春秋勾踐入臣外傳第七

吳越春秋勾踐歸國外傳第八

越王勾踐臣吳至歸越勾踐七年也國語勾踐與范蠡入宦於吳三年而吳人遣之當魯哀公五年是爲勾踐七年正與此合此書於勾踐五年書入吳事至是歸國首尾三年也百姓拜之於道曰君王獨無苦矣今王受天之福復於越國霸王之迹自斯而起王曰寡人不慎天教無德於民今勞萬姓擁於岐路將何德化以報國人顧謂范蠡曰今十有二月己巳之日時加禺中禺音偶禺中時加巳也淮南子曰臻于衡陽是謂禺中對于昆吾是謂正中孤欲以此到國何如蠡曰大王且留以臣卜日於是范蠡進曰異

哉大王之擇日也王當疾趨車馳人走越王策馬飛輿遂復宮闕吳封地百里於越東至炭瀆越舊經炭瀆在會稽縣東六十里越絕曰句踐稱炭聚載從炭瀆至錬塘會稽志作炭浦西止周宗南造於山北薄於海越王謂范蠡曰孤獲辱連年勢足以死得相國之策再返南鄉今欲定國立城人民不足其功不可以興爲之柰何范蠡對曰唐虞卜地夏殷封國古公營城周雒威折萬里德致八極豈直欲破彊敵收鄰國乎越王曰孤不能承前君之制修德自守亡衆棲於會稽之山

請命乞恩受辱被恥囚結吳宮幸來歸國追以
百里之封將遵前君之意復於會稽之上而宜
釋吳之地范蠡曰昔公劉去邰而德彰於夏亶
父讓地而名發於岐今大王欲欲字下當有立字國樹都
并敵國之境不處平易以豉切之都據四達之地
將焉於虔切立霸王之業越王曰寡人之計未有
決定欲築城立郭分設里閭欲委屬於相國於
是范蠡乃觀天文擬法於紫宮築作小城周千
一百二十二步一圓三方西北立龍飛翼之樓

以象天門東南伏漏石竇以象地戶陵門四達以象八風外郭築城而缺西北示服事吳也不敢壅塞內以取吳故缺西北而吳不知也北向稱臣委命吳國左右易處（易音亦處上聲）不得其位明臣屬也城既成而怪山自生者琅琊東武海中山也一夕自來故名怪山（即龜山也在府東南二里一名飛來一名寶林一名怪山越絕曰龜山勾踐所起游臺也寰宇記龜山即琅琊東武山一夕移於此）范蠡曰臣之築城也其應天矣崑崙之象存焉越王曰寡人聞崑崙之山乃地之柱上承皇天氣吐宇內下處后土稟

受無外滋聖生神㟁養帝會故帝字上當有五字帝處其

陽陸三王居其正地吾之國也扁扁疑當作偏天地之

壞乘東南之維斗去極北非糞土之城何能與

王者比隆盛哉范蠡曰君徒見外未見於內臣

乃承天門制城合氣於后土嶽象已設崑崙故

出越之霸也越王曰茍如相國之言孤之命也

范蠡曰天地卒號以著其實名東武起游臺其

上東南爲司馬門立增樓增與層同冠其山巔以爲

靈臺水經註怪山者越起靈臺於山上又作三層樓以望雲物起離宮於淮陽宮臺一曰離臺周五百

六十步在淮陽里丘越舊經淮陽宮在會稽縣東南三里中宿臺在於高平越絕宿作指云中指臺馬丘周六百步在高平里越舊經中宿臺在會稽縣東七里駕臺在於成丘越絕駕臺已晚於離丘立苑於樂野越絕曰越之弋獵之處大樂故謂樂野其山上石室越王所休謀也十道志樂野勾踐以此野為苑今有[illegible]廣村燕臺在於石室越舊經宴臺在州東南十里齋臺在於襟山一云按越覺無襟山越絕曰稷山者勾踐齋戒臺也既曰齋臺則襟當作稷稷山在會稽縣東五十二里勾踐之出游也休息食室於冰廚一曰冰室所以備膳羞也越王乃召相國范蠡大夫種大夫郢閭曰孤欲以今日上明堂臨國政專恩致令以撫百姓何日可矣惟三聖謂聖臣也指上二人前言子胥曰越有聖臣范蠡紀綱維持范蠡曰今日丙午日也丙

陽將也是日吉矣又因良時臣愚以爲可無
有終得天下之中大夫種曰前車已覆後車必
戒願王深察范蠡曰夫子故不一二見也吾王
今以丙午復初臨政解救其本是一宜夫金制
始而火救其終是二宜蓋金之巨愛轉而及水是
三宜君臣有差不失其理是四宜王相（去聲）俱起
天下立矣是吾宜臣願急升明堂臨政越王是
日立政翼翼小心出不敢奢入不敢侈越王念
復吳讎非一旦也苦身勞心夜以接日目臥則

攻之以蓼足寒則漬之以水冬常抱冰夏還握
火愁心苦志懸膽於戶出入嘗之不絕於口中
夜潛泣泣而復嘯越王曰吳王好服之離體吾
欲采葛（詩王風采葛葛所以為絺綌）使女工織細布獻之以求吳
王之心於子何如羣臣曰善乃使國中男女入
山采葛（會稽志稱東十里有葛山越絕曰句踐種葛使越女治葛布獻吳王）以作黃絲之布欲
獻之未及遣使吳王聞越王盡心自守食不重
味衣不重綵雖有五臺之遊未嘗一日登翫吾
欲因而賜之以書增之以封東至於勾甬西至

於檇李南至於姑末（即春秋越姑蔑之地姑蔑地名有二魯國卞縣南有姑蔑城越之姑蔑至秦屬會稽爲太末縣今衢州）北至於平原（越絕作武原今海鹽縣）縱橫八百餘里越王乃使大夫種索葛布十萬甘蜜九党（韻會引吳越春秋越以甘蜜丸欓報吳增封之禮[illegible]欓爲越[illegible]今此書無丸欓二字詳下文文笥之類皆以數計則[illegible]當[illegible]党[illegible]篇党丁[illegible]切[illegible]也此党字誤）文笥七枚狐皮五雙晉竹十廋（廋當作溲漢書地理志船五百艘今文作艘音騷船總名也或作𦩛）以復封禮吳王得之曰以越僻狄之國（狄當作秋）無珍今舉其貢貨而以復禮此越小心念功不忘吳之效也夫越本興國千里吾雖封之未盡其國子胥聞之退臥於舍謂侍者曰吾君失其

石室之囚縱於南林之中今且囿虎豹之野而與荒外之草於吾之心其無損也吳王得葛布之獻乃復增越之封賜羽毛之飾机杖諸侯之服越國大悅采葛之婦傷越王用心之苦乃作苦之詩（事類賦引吳越春秋曰乃作若何之歌 會稽賦註亦引此言曰乃作何苦之詩）曰葛不連蔓棻台台（音貽）我君心苦命更之嘗膽不苦甘如飴（事類賦及越絕書經所引皆作甘若飴）令我采葛以作絲（文選註引采葛婦詩有飢不遑食四體疲一句此篇無之闕文也）女工織兮不敢遲弱於羅兮輕霏霏絺素兮將獻之越王悅兮忘罪除吳王歡兮飛

天書增封益地賜羽膏机杖茵褥諸侯儀羣臣
拜舞天顏舒我王何憂能不移於是越王內修
其德外布其道君不名教臣不名謀民不名使
官不名事國中蕩蕩無有政令越王內實府庫
墾其田疇民富國彊衆安道泰越王遂師八臣
與其四友時問政焉大夫種曰愛民而已越王
曰柰何種曰利之無害成之無敗生之無殺與
之無奪越王曰願聞種曰無奪民所好則利之
民不失其時則成之省刑去罰則生之薄其賦

歛則與之無多臺游則樂之靜而無苛則喜之民失所好則害之農失其時則敗之有罪不赦則殺之重賦厚歛則奪之多作臺游以罷(音疲)民則苦之勞擾民力則怒之(詳文意上文與之無奪以下當有樂之無苦喜之無怒二句)臣聞善爲國者遇民如父母之愛其子如兄之愛其弟聞有飢寒爲之哀見其勞苦爲之悲越王乃緩刑薄罰省其賦歛於是人民殷富皆有帶甲之勇

九年正月越王召五大夫而告之曰昔者越國

適棄宗廟身爲窮虜恥聞天下辱流諸侯今寡
人念吳猶躃者不忘走盲者不忘視孤未知策
謀惟大夫誨之扶同曰昔者亡國流民天下莫
不聞知今欲有計不宜前露其辭臣聞擊鳥之
動故前俯伏此上八字文衍猛獸將擊必餌餌當作弭毛帖伏
鷙鳥將搏必卑飛戢翼聖人將動必順辭和衆
聖人之謀不可見其象不可知其情臨事而伐
故前無剽過之兵後無伏襲之患今大王臨敵
破吳宜損少辭無令泄也臣聞吳王兵彊於齊

晉而怨結於楚大王宜親於齊深結於晉陰固
於楚而厚事於吴夫吴之志猛驕而自矜必輕
諸侯而凌鄰國三國決權還爲敵國必角勢交
爭越承其弊因而伐之可克也雖五帝之兵無
以過此范蠡曰臣聞謀國破敵動觀其符孟津
之會諸侯曰可武王辭之方今吴楚結讎構怨
不解齊雖不親外爲其救晉雖不附猶效其義
夫內臣謀而決讎其策鄰國通而不絕其援斯
正吴之興霸諸侯之上尊臣聞峻高者隤亦作頹下墜也

葉茂者摧日中則移月滿則虧四時不並盛五
行不俱馳陰陽更唱（唱當作倡）氣有盛衰故溢堤之水
不淹其量熸乾之火不復其熾水靜則無漚瀴
之怒火消則無熹毛之熱今吳乘諸侯之威以
號令於天下不知德薄而恩淺道狹而怨廣權
懸而智衰力竭而威折兵挫而軍退士散而衆
解臣請按師整兵待其壞敗隨而襲之兵不血
刃士不旋踵吳之君臣爲虜矣臣願大王匿聲
無見其動以觀其靜大夫苦成曰夫水能浮草

木亦能沉之地能生萬物亦能殺之江海能下
谿谷亦能朝之聖人能從衆亦能使之今吳承
闔閭之軍制子胥之典教政平未虧戰勝未敗
大夫嚭者狂佞之人達於策慮輕於朝事子胥
力於戰伐死於諫議二人權必有壞敗願王虛
心自匿無示謀計則吳可滅矣大夫浩曰今吳
君驕臣奢民飽軍勇外有侵境之敵内有爭臣
之震其可攻也大夫句如左傳國語皆作皐如曰天有四時人
有五勝五德迭相勝也史歷書曰秦滅六國頗推五勝而自以爲獲水德之瑞前漢律歷志同昔湯武乘

四時之利而制夏殺桓繆據五勝之便而列六國此乘其時而勝者也王曰未有四時之利五勝之便願各就職也

吳越春秋勾踐歸國外傳第八

吳越春秋勾踐陰謀外傳第九

越王勾踐十年二月越王深念遠思侵辱於吳蒙天祉福得（得下當有返字）越國羣臣教誨各畫一策辭合意同勾踐敬從其國已富反越五年未聞敢死之友或謂諸大夫愛其身惜其軀者乃登漸臺望觀其羣臣有憂與否相國范蠡大夫種句如之屬儼然列坐雖懷憂患不形顔色越王即鳴鐘驚檄（驚吳當作警）而召羣臣與之盟曰寡人獲辱受耻上愧周王下慙晉楚幸蒙諸大夫之策得

返國脩政富民養士而五年未聞敢死之士雪
仇之臣奈何而有功乎羣臣黙然莫對者越王
仰天歎曰孤聞主憂臣辱主辱臣死今孤親被
奴虜之厄受囚破之恥不能自輔須賢任仁然
後討吳重負諸臣大夫何易見而難使也於是
計硯年少官卑列坐於後乃舉手而趨蹈席而
前進曰謬哉君王之言也非大夫易見而難使
君王之不能使也越王曰何謂計硯曰夫官位
財幣金賞者君之所輕也操鋒履刃艾音刈命投

死者士之所重也今王易易字不通疑者字之誤者齊同財之所輕而責士之所重何其殆哉於是越王黙然不悦面有愧色即辭羣臣進計硯而問曰孤之所得士心者何等計硯對曰夫君人尊其仁義者治之門也士民者君之根也開門固根莫如正身正身之道謹左右左右者君之所以盛衰者也願王明選左右得賢而已昔太公九聲而足其義未詳或恐字誤磻溪之餓人也西伯任之而王管仲魯之亡囚有貪分之毀管仲曰吾始困時嘗與鮑叔賈分財利多自與鮑叔不以我為貪知我貧也

齊桓得之而霸故傳曰失士者亡得士者昌願王審於左右何患群臣之不使也越王曰吾使賢任能各殊其事孤虛心高望冀聞報復之謀今咸匿聲隱形不聞其語厥咎安在計硯曰選賢實士各有一等遠使以難平聲試以難事以效其誠內告以匿以知其信與之論事以觀其智飲之以酒以視其亂酒能亂性論語唯酒無量不及亂指之以使曲禮耆者指使註指事使人也以察其能示之以色以別其態五色以設士盡其實人竭其智知其智盡實則君臣何憂越王

曰吾以謀士效實人盡其智而士有未盡進辭
有益寡人也計硯曰范蠡明而知內文種遠以
見外願王請大夫種與深議則霸王之術在矣
越王乃請大夫種而問曰吾昔日受夫子之言
自免於窮厄之地今欲奉不羈之計以雪吾之
宿讎何行而功乎大夫種曰臣聞高飛之鳥死
於美食深泉之魚死於芳餌今欲伐吳必前求
其所好參其所願然後能得其實越王曰人之
所好雖其願何以定而制之死乎大夫種曰夫

欲報怨復讐破吳滅敵者有九術（史記作七術）君王察焉越王曰寡人被辱懷憂內慚朝臣外愧諸侯中心迷惑精神空虛雖有九術安能知之大夫種曰夫九術者湯文得之以王桓穆得之以霸其攻城取邑易於脫屣願大王覽之種曰一曰尊天事鬼（鬼下當有神字下文亦兼鬼神言之）以求其福二曰重財幣以遺（去聲贈也下同）其君多貨賄以喜其臣三曰貴糴粟槀以虛其國利所欲以疲其民四曰遺美女以惑其心而亂其謀五曰遺之巧工良材使之起

宮室以盡其財六曰遺之諛臣使之易伐七曰
彊其諫臣使之自殺八曰君王國富而備利器
九曰利甲兵以承其弊凡此九術君王閉口無
傳守之以神取天下不難而況於吳乎越王曰
善乃行第一術立東郊以祭陽名曰東皇公立
西郊以祭陰名曰西王母祭陵山於會稽（陵山禹陵之山
先秦以古者帝王之冢皆不稱陵陵之名自漢始）祀水澤於江州（今之江州春秋時爲吳西境楚東境越不得祀
水澤於吳莫大於太湖吾以爲爾邪未有江州之名蜀之巴郡古有江州縣又去越遠亦非越所當祀水澤之地州字下義當作洲按說文洲崖也字本作
州水中可居者州今作洲蓋後人加水以別州縣之字）事鬼神三年國不被災越王

曰善哉大夫之術願論其餘種曰吳王好起宮
室用工不輟王選名山神材奉而獻之越王乃
使木工三千餘人入山伐木一年師無所幸作
士（一本作之苦）思歸皆有怨望之心而歌木客之吟（水經注勾踐嘗
工人伐榮楯欲獻吳久不得歸工人憂思作木客吟）一夜天生神木一雙大二
十圍長五十尋陽為文梓陰為楩柟巧工施校
制以規繩雕治圓轉刻削磨礱分以丹青錯畫
文章嬰以白璧鏤以黃金狀類龍蛇文彩生光
乃使大夫種獻之於吳王曰東海役臣臣孤勾

踐使臣種敢因下吏聞於左右賴大王之力竊爲小殿有餘材謹再拜獻之吳王大悅徐天祜曰天生神木不假日夜之所息一夕而大二十圍長五十尋有異甚使茲事而信越嘗以其木致於吳而行人之辭乃曰東海役臣獻爲殿之餘材甚兼所以禮吳而示有餘也且越有五臺未嘗自敢上吳王以爲畏法服威夫既天之產材若是其異人之致飾若是其都而名之曰餘材則越之爲殿亦已忕矣而特以其遺餘奉吳何越之失言而吳亦易悅耶子胥諫曰王勿受也昔者桀起靈臺紂起鹿臺陰陽不和寒暑不時五穀不熟天與其災民虛國變遂取滅亡大王受之必爲越王所戮吳王不聽遂受而起姑蘇之臺三年聚材五年乃成高見二百里臺始基於闔廬而新作於夫差

吳地記曰高三百丈廣八十四丈行路之人道死巷哭不絕嗟嘻之聲民疲士苦人不聊生越王曰善哉第二術也

十一年越王深念永思惟欲伐吳乃請計硯問曰吾欲伐吳恐不能破早欲興師惟問於子計硯對曰夫興師舉兵必且内蓄五穀實其金銀滿其府庫勵其甲兵凡此四者必察天地之氣原於陰陽明於孤虛史龜策傳曰辰不全故有孤虛六甲孤虛法甲子旬中無戌亥戌亥即為孤辰巳即為虛蓋旬空為孤對衝為虛餘五旬可以類推劉歆七略有風後孤虛二十卷審於存亡乃可量敵越王曰天地存亡其要柰何計硯曰天地

之氣物有死生原陰陽者物貴賤也明孤虛者
知會際也審存亡者別真僞也越王曰何謂死
生真僞乎計硯曰春種八穀夏長而養秋成而
聚冬畜而藏夫天時有生（以四時言則有生當作春生）而不救種
是一死也夏長無苗二死也秋成無聚三死也
冬藏無畜四死也雖有堯舜之德無如之何夫
天時有生勸者老作者少反氣應數不失厥理
一生也留意省察謹除苗穢穢除苗盛二生也
前時設備物至則收國無逋稅民無失穗三生

[illegible]倉已封塗除陳入新君樂臣歡男女及信四
時也夫陰陽者太陰所居之歲留息三年貴賤
見矣夫孤虛者謂天門地戶也存亡者君之道
德也越王曰何子之年少於物之長也計硯曰
有美之士不拘長少越王曰善哉子之道也乃
仰觀天文集察緯宿天文象定者為經動者為緯故五星亦曰五緯宿音秀列星也曆
象四時以下者上虛設八倉從陰收著陟略切置也望
陽出糶筴筴通作策其極計三年五倍越國熾富勾
踐歎曰吾之霸矣善計硯之謀也

十二年越王謂大夫種曰孤聞吳王淫而好色惑亂沉湎不領政事因此而謀可乎種曰可破夫吳王淫而好色宰嚭佞以曳心往獻美女其必受之惟王選擇美女二人而進之越王曰善乃使相者國中得苧蘿山鬻薪之女曰西施鄭旦（會稽志苧蘿山在諸暨縣南五里輿地志諸暨縣苧蘿山西施鄭旦所居十道志勾踐索美女以獻吳王得之諸暨苧蘿山賣薪女也西施山下有浣沙石）飾以羅縠教以容步習於土城（越舊經曰土城在會稽縣東六里）臨於都巷三年學服而獻於吳乃使相國范蠡進曰越王勾踐竊有二遺女越國洿下困迫

不敢稽留謹使臣蠡獻之大王不以鄙陋寢容貌不揚曰寢通作寑廣韻寑陋又貌醜或作侵史記蚡傳武安貌侵短小謂醜惡也願納以供箕箒之

用吳王大悅曰越貢二女乃勾踐之盡忠於吳

之證也子胥諫曰不可王勿受也臣聞五色令

人目盲五音令人耳聾昔桀易湯而滅紂易文

王而亡大王受之後必有殃臣聞越王朝書不

倦晦誦竟夜且聚敢死之士數萬是人不死必

得其願越王服誠行仁聽諫進賢是人不死必

成其名越王夏被毛裘冬御絺綌是人不死必

爲對曰臣聞賢士國之寶美女國之咎夏亡以妹喜殷亡以妲己周亡以褒姒（桀伐有施有施氏以妹喜女焉有寵而亡夏紂伐有蘇有蘇氏以妲己女焉有寵而亡殷幽王伐有褒有褒人以褒姒女焉有寵生伯服逐太子宜臼太子奔申申人與繒西戎攻幽王周於是乎亡妹音末喜音嬉）吳王不聽遂受其女越王曰善哉第三術也

十三年越王謂大夫種曰孤嘗蒙子之術所圖者吉未嘗有不合也今欲復謀吳奈何種曰君王自陳越國微鄙年穀不登願王請糴以入其意天若棄吳必許王矣越乃使（上聲）大夫種使（去聲）吳

因宰嚭求見吳王辭曰越國洿下水旱不調年
穀不登人民飢乏道荐飢餒願從大王請糴來
歲即復太倉惟大王救其窮窘吳王曰越王信
誠守道不懷二心今窮歸愬吾豈愛惜財寶奪
其所願子胥諫曰不可非吳有越越必有吳吉
往則凶來是養生寇而破國家者也與之不為
親不與未成冤且越有聖臣范蠡勇以善謀將
有修飾攻戰以伺吾間（去聲下同）觀越王之使使來
請糴者非國貧民困而請糴也以入吾國伺吾

王聞也吳王曰寡人早服越王而有其衆懷其
社稷以愧勾踐勾踐氣服爲駕車却行馬前諸
侯莫不聞知今吾使之歸國奉其宗廟復其社
稷豈敢有反吾之心乎子胥曰臣聞士窮非難
抑心下人其後有激人之色臣聞越王飢餓民
之困窮可因而破也今不用天之道順地之理
而反輸之食固君之命狐雉之相戲也夫狐卑
體而雉信之故狐得其志而雉必死可不慎哉
吳王曰勾踐國憂而寡人給之以粟恩往義來

其德昭昭亦何憂乎子胥曰臣聞狼子有野心
仇讎之人不可親夫虎不可餧以食蝮蟲名一曰虺善齧人
蛇不恣其意今大王捐國家之福以饒無益之
讎棄忠臣之言而順敵人之欲臣必見越之破
吴豸蟲無足曰豸恐當作豕鹿游於姑胥之臺荊榛蔓於宫
闕願王覽武王伐紂之事也太宰嚭從旁對曰
武王非紂王臣也率諸侯以伐其君雖勝殷謂
義乎子胥曰武王即成其名矣太宰嚭曰親戮
主以爲名吾不忍也子胥曰盜國者封侯盜金

者誅令使武王失其理則周何爲三家之表（意謂釋箕子之囚封比干之墓表商容之閭也）太宰嚭曰子胥爲人臣徒欲干君之好拂君之心以自稱（去聲）滿君何不知過乎子胥曰太宰嚭固欲以求其親前縱石室之囚受其寶女之遺（去聲）外交敵國內惑於君大王察之無爲群小所侮今大王譬若浴嬰兒雖啼無聽宰嚭之言吳王曰宰嚭是子無乃聞寡人言非忠臣之道類於佞諛之人太宰嚭曰臣聞鄰國有急千里馳救是乃王者封亡國之後五霸

輔絶滅之末者也吳王乃與越粟萬石而令之
曰寡人逆羣臣之議而輸於越年豐而歸寡人
大夫種曰臣奉使返越歲登誠還吳貸大夫種
歸越越國羣臣皆稱萬歲即以粟賞賜羣臣及
於萬民二年越王粟稔揀擇精粟而蒸還於吳
復還斗斛之數亦使大夫種歸之吳王王得越
粟長太息謂太宰嚭曰越地肥沃其種甚嘉可
留使吾民植之於是吳種越粟粟種殺而無生
者吳民大飢越王曰彼以窮居其可攻也大夫

種曰未可國始貧耳忠臣尚在天氣未見須俟其時越王又問相國范蠡曰孤有報復之謀水戰則乘舟陸行則乘輿輿舟之利頓於兵弩今子為寡人謀事莫不謬者乎范蠡對曰臣聞古之聖君莫不習戰用兵然行陣隊伍軍鼓之事吉凶決在其工今聞越有處女出於南林（越舊經南林在山陰縣南）國人稱善願王請之立可見越王乃使使聘之問以劍戟之術處女將北見於王道逢一翁自稱曰袁公問於處女吾聞子善劍願一見之

女曰妾不敢有所隱惟公試之於是袁公即杖箖箊竹（箖箊竹名箖直尋切箊央魚切吴都賦其竹則篔簹箖箊）竹枝上頡橋末墮地女即捷末（藝文類聚引吴越春秋處女善劒事與此小異曰袁公即挽林內之竹似枯槁末折墮地女接取其末揆此書末字當作未捷通作接易晉晝日三接禮記太子生接以太牢左傳子同生接以太牢註並音捷）袁公則飛上樹變爲白猿遂別去見越王越王問曰夫劒之道則如之何女曰妾生深林之中長於無人之野無道不習不達諸侯竊好擊之道誦之不休妾非受於人也而忽自有之越王曰其道如何女曰其道甚微而易其意甚幽而深道有門戶亦

有陰陽開門閉戶陰衰陽興凡手戰之道內實精神外示安儀見之似好婦奪之似懼虎布形候氣與神俱往杳之若日偏如滕（滕當作騰）兔追形逐影光若彿彷呼吸往來不及法禁縱橫逆順直復不聞斯道者一人當百百人當萬王欲試之其驗即見越王即加女號號曰越女乃命五板之墮長高習之教軍士（詩註一丈為版五版為堵左傳五版為堵五堵為雉版亦作板）（此墮字疑當作隊長隸當是上聲高或人名也）當世（勝字上疑當有莫能二字）勝越女之劍於是范蠡復進善射者陳音音楚人也越王請音

而問曰孤聞子善射道何所生音曰臣楚之鄙
人嘗步於射術未能悉知其道越王曰然願子
一二其辭音曰臣聞弩生於弓弓生於彈彈起
古之孝子越王曰孝子彈者奈何音曰古者人
民朴質飢食鳥獸渴飲霧露死則裹以白茅投
於中野孝子不忍見父母為禽獸所食故作彈
以守之絕鳥獸之害故歌曰斷竹續竹飛土逐
害之謂也於是神農皇帝（皇當作黃）弦木為弧剡木
為矢（世本黃帝臣牟夷作矢）弧矢之利以威四方黃帝之後

楚有弧父弧父者生於楚之荆山生不見父母爲兒之時習用弓矢所射無脫以其道傳於羿羿傳逢蒙逢蒙傳於楚琴氏琴氏以爲弓矢不足以威天下當是之時諸侯相伐兵刃交錯弓矢之威不能制服琴氏乃横弓着臂施機設樞釋名弩柄曰臂鈎弦曰牙牙外曰郭郭下有懸刀合而名之曰機言機巧也亦言如門戶之樞機開闔有節加之以力然後諸侯可服琴氏傳之楚三侯文選註所引與此略同但云琴氏傳大魏大魏傳楚三侯少異耳所謂句亶鄂章人號麇侯翼侯魏侯也熊渠三子長子康爲句亶王紅爲鄂王少子執疵爲越章王三侯者未僭王號時所稱也自楚之三侯傳

至靈王自稱之楚累世蓋以桃弓棘矢而備鄰國也（楚右尹子革曰唯是桃弧棘矢以共禦王事）自靈王之後射道分流百家能人用莫得其正臣前人受之於楚五世於臣矣臣雖不明其道惟王試之越王曰弩之狀何法焉陳音曰郭爲方城守臣子也敖爲人君命所起也牙爲執法守吏卒也牛爲中將主內裹也關爲守禦檢去止也錡爲侍從聽人主也臂爲道路通所使也弓爲將軍主重負也弦爲軍師禦戰士也矢爲飛客主教使也金爲實敵

往不止也衛爲副使正道里也又爲受教知可否也縹爲都尉執左右也敵爲百死不得駭也鳥不及飛獸不暇走弩之所向無不死也臣之愚劣道悉如此越王曰願聞正射之道音曰臣聞正射之道道衆而微古之聖人射弩未發而前名其所中射命中也臣未能如古之聖人請悉其要夫射之道身若戴板頭若激卵左蹉右足橫句左手若附枝右手若抱兒舉弩望敵翕心咽煙與氣俱發得其和平神定思去去止分離右

手發機左手不知一身異教豈況雄雌此正射持弩之道也願聞望敵儀表投分（平聲）飛矢之道音曰夫射之道從分望敵合以參連（周禮羣射二曰參連前放一矢後三矢連續而去也）弩有斗石矢有輕重石取一兩其數乃平遠近高下求之銖分道要在斯無有遺言越王曰善盡子之道願子悉以教吾國人音曰道出於天事在於人人之所習無有不神於是乃使陳音教士習射於北郊之外三月軍士皆能用弓弩之巧陳音死越王傷之葬於國西號其

葬所曰陳音山（在山陰縣西南四里寰宇記曰屬上虞縣非也）

吳越春秋勾踐陰謀外傳第九

吴越春秋勾踐伐吴外傳第十

勾踐十五年謀伐吴矣按勾踐七年歸自吴既反國四年即與范蠡謀伐吴自兹四年間必謀之蠡皆以爲未可國語記之稍詳至是始伐吴左傳見於哀公十三年正勾踐十五年也謂大夫種曰孤用夫子之策免於天虐之誅還歸於國吾誠已說音稅下同於國人國人喜悦而子昔日云有天氣即來陳之今豈有應乎種曰吴之所以彊者爲有子胥今伍子胥忠諫而死是天氣前見亡國之證也願君悉心盡意以說國人越王曰聽孤說國人之辭寡人不知其力之不足以大國報讎

以暴露百姓之骨於中原此則寡人之罪也寡人誠更其術於是乃葬死問傷弔有憂賀有喜送往迎來除民所害然後卑事夫差往宦士三百人於吳吳封孤數百里之地因約吳國父兄昆弟而誓之曰寡人聞古之賢君四方之民歸之若水寡人不能爲政將率二三子夫婦以爲藩輔令壯者無娶老妻老者無娶壯婦女子十七未嫁其父母有罪丈夫二十不娶其父母有罪將免者免者免身也謂生子以告於孤令醫守之生男二

貺之以壺酒一犬生女二賜以壺酒一豚犬陽畜豚陰畜生子三人孤以乳母生子二人孤與一養長子死三年釋吾政季子死三月釋吾政必哭泣葬埋之如吾子也令孤子寡婦疾疹貧病者納官其子欲仕量平聲其居好上聲其衣飽其食而簡鋭之凡四方之士來者必朝而禮之載飯與羹以游國中國中僮子戲而遇孤孤餔而啜之施以愛問其名非孤飯不食非夫人事不衣七年不收國民家有三年之畜男即歌樂女即會笑令

國之父兄曰請於孤曰昔夫差辱吾君王於諸侯長爲天下所恥今越國富饒君王節儉請可報恥孤辭之曰昔者我辱也非二三子之罪也如寡人者何敢勞吾國之人以塞吾之宿讎父兄又復請曰誠四封之内盡吾君子子報父仇臣復君隙豈敢有不盡力者乎臣請復戰以除君王之宿讎孤悦而許之大夫種曰臣觀吳王得志於齊晉謂當遂涉吾地以兵臨境今疲師休卒一年而不試以忘於我我不可以怠臣當

卜之於天吳民既疲於軍困於戰鬭市無赤米之積國廩空虛其民必有移徙之心寒就蒲嬴（嬴當作嬴蒲水草嬴蚌蛤之屬）於東海之濱夫占兆人事又見於卜筮王若起師以可會之利犯吳之邊鄙未可往也吳王雖無伐我之心亦難動之以怒不如詮其間（去聲）以知其意越王曰孤不欲有征伐之心國人請戰者三年矣吾不得不從民人之欲今聞大夫種諫難（去聲）越父兄又諫曰吳可伐勝則滅其國不勝則困其兵吳國有成王與之盟功

名聞於諸侯王曰善於是乃大會羣臣而令之曰有敢諫伐吴者罪不赦蠡種相謂曰吾諫已不合矣然猶聽君王之令越王會軍列士而大誡衆而誓之曰寡人聞古之賢君不患其衆不足而患其志行（去聲）之少耻也（國語註少恥謂進不念功臨難苟免）今夫差衣水犀甲者十有二萬人（徼外有山犀有水犀水犀之皮有珠甲山犀則無矣以水犀皮飾甲也周禮犀甲壽百年）不患其志行之少耻也而患其衆之不足今寡人將助天威吾不欲匹夫之小勇也吾欲士卒進則思賞退則避刑於是越民父勉其子

兄勸其少弟曰吳可伐也越王復召范蠡謂曰吳已殺子胥道（道當作導）諛者衆吾國之民又勸孤伐吳其可伐乎范蠡曰未可須明年之春然後可耳王曰何也范蠡曰臣觀吳王北會諸侯於黃池精兵從王國中空虛老弱在後太子留守兵始出境未遠聞越掩其空虛兵還不難也不如來春其夏六月丙子勾踐復問范蠡曰可伐矣乃發習流二千人俊士四萬君子六千人諸御千人史記俊士作教士索隱曰虞書云流宥五刑習流謂流放之罪人使之習戰教士謂常所教練之兵也君子謂君所子養有恩惠者也諸御謂諸

理事之官在軍有職掌者徐天祜曰笠澤之戰越以三軍潛涉至並攻所臨勝此所謂習流是即習水戰之兵若曰使罪人習戰越一小國流放者何至二千人哉
以乙酉與吳戰丙戌遂虜殺太子丁亥入
吳焚姑胥臺吳告急於夫差夫差方會諸侯於
黃池恐天下聞之即密不令洩已盟黃池乃使
人請成於越勾踐自度未能滅乃與吳平
二十一年七月越王復悉國中士卒伐吳按左傳哀公十七年越伐吳吳禦之笠澤當勾踐十九年事此書不當以爲二十一年也
會楚使申包胥聘於越
越王乃問包胥曰吳可伐耶申包胥曰臣鄙於
策謀未足以卜越王曰吳爲不道殘我社稷夷

吾宗廟以爲平原使不得血食吾欲與之徼天之中（國語作衷）惟是輿馬兵革卒伍既具無以行之誠聞（聞當作問）於戰何以爲可申包胥曰臣愚不能知越王固問包胥乃曰夫吳良國也傳賢於諸侯敢問君王之所戰者何越王曰在孤之側者飲酒食肉未嘗不分孤之飲食不致其味聽樂不盡其聲求以報吳願以此戰包胥曰善則善矣未可以戰越王曰越國之中吾傳愛以子之忠惠以養之吾今修寬刑欲（國語欲作施）民所欲去民

所惡（烏故切，憎也）稱其善掩其惡（遏各切，不善也）求以報吳願以此戰包胥曰善則善矣未可以戰王曰越國之中富者吾安之貧者吾予之救其不足損其有餘使貧富不失其利求以報吳願以此戰包胥曰善則善矣未可以戰王曰邦國南則距楚西則薄晋北則望齊春秋奉幣玉帛子女以貢獻焉未嘗敢絶求以報吳願以此戰包胥曰善哉無以加斯矣猶未可戰夫戰之道知（音智）爲之始以仁次之以勇斷之君將（去聲）不知即無權變之謀以別衆寡之數不仁則不得與三軍同飢寒之節齊苦樂之喜不勇則不能斷去就之疑決可否之議於是越王曰敬從命矣冬十月越王乃請八大夫國語越王乃五大夫問戰奚以而可韋昭解五大夫舌庸苦成大夫種范蠡臯如之屬按此書其辭大畧與國語而云八大夫則異詳下文止七人豈與楚大夫申包胥共爲八大夫耶曰昔吳爲不道殘我宗廟夷我社稷以爲平原使不血食吾欲徼天之中衷兵革既具無所以行之吾問於申包胥即已命孤矣敢告諸大夫如何大夫曳庸曰審賞則可戰也審其賞明其信無功不及有功

必加則士卒不怠王曰聖哉大夫苦成曰審罰則可戰審罰則士卒望而畏之不敢違命王曰勇哉大夫文種曰審物則可戰審物則別是非是非明察人莫能惑王曰辨哉大夫范蠡曰審備則可戰審備慎守以待不虞備設守固必可應難(去聲)王曰慎哉大夫皐如曰審聲則可戰審於聲音以別清濁清濁者謂吾國君名聞於周室令諸侯不怨於外王曰得哉大夫扶同曰廣恩知分則可戰廣恩以博施知分而不外王曰

此處不缺葉

神哉大夫計硯曰候天察地參應其變則可戰
天變地應人道便利三者前見則可王曰明哉
於是句踐乃退齋而命國人曰吾將有不虞之
議自近及遠無不聞者乃復命有司與國人曰
承命有賞皆造國門之期有不從命者吾將有
顯戮句踐恐民不信使以征不義聞於周室令
平聲諸侯不怨於外令去聲已下令字皆同國中曰五日之內
則吾良人矣過五日之外則非吾之民也又將
加之以誅教令既行乃入命於夫人王背音倍下背垣同

屛夫人向屛而立王曰自今日之後內政無出外政無入各守其職以盡其信內中辱者則是子境外千里辱者則是子子當作我也吾見子於是以為明誡矣王出宮夫人送王不過屛王因反闔其門填之以土夫人去笄側席而坐安心無容三月不掃王出則復背垣而立大夫向垣而敬王乃令大夫曰食音飼士不均地壤不修使孤有辱於國是子之罪臨敵不戰軍士不死有辱於諸侯功隳於天下是孤之責自今以往內政

無出外政無入吾國誠子大夫敬受命矣王乃出大夫送出垣反闔外宮之門塡之以土大夫側席而坐不御五味不答所勸勾踐有命於夫人大夫曰國有守禦乃坐露壇之上列鼓而鳴之軍行成陣即斬有罪者三人以徇於軍令曰不從吾令者如斯矣明日徙軍於郊斬有罪者三人徇之於軍令曰不從吾令者如斯矣王乃令國中不行者與之訣而告之曰爾安土守職吾方往征討我宗廟之讎以謝於二三子令平聲

國人各送其子弟於郊境之上軍士各與父兄
昆弟取訣國人悲哀皆作離別相去之詞曰躁
躁摧長恧兮擢戟馭殳殳音殊兵器詩伯也執殳周禮殳以積竹八觚長丈二尺建於兵車旅賁以先驅說文積竹謂削去白取其青處合之取其有力釋名殳殊也長一丈二尺無刃有所撞挃於車上使殊離也所離不
降兮以泄我王氣蘇三軍一飛降去聲兮所向皆
殂一士判死兮而當百夫道祐有德兮吳卒自
屠雪我王宿恥兮威振八都軍伍難更兮勢如
貔貙貔猛獸陸璣曰似虎或曰似羆貙樞俱切似貍能捕獸祭天陸佃曰虎五指爲貙行行各努
力兮於乎於乎於是觀者莫不悽惻明日復徙

軍於境上斬有罪者三人徇之於軍曰有不從令者如此後三日復徙軍於檇李斬有罪者三人以徇於軍曰其淫心匿行（匿疑當作慝行去聲）不當敵者如斯矣勾踐乃命有司大徇軍曰其有父母無昆弟者來告我我有大事子離父母之養親老之愛赴國家之急子在軍寇之中父母昆弟有在疾病之地吾視之如吾父母昆弟之疾病也其有死亡者吾葬埋殯送之如吾父母昆弟之有死亡葬埋之矣明日又徇於軍曰士有疾病

不能隨軍從兵者吾子其醫藥給其糜粥與之同食明日又徇於軍曰筋力不足以勝（平聲）甲兵志行不足以聽王命者吾輕其重和其任明日旋軍於江南更陳嚴法復誅有罪者五人徇曰吾愛士也雖吾子不能過也（即君所子養者）及其犯誅自吾子亦不能脫也恐軍士畏法不使自謂未能得士之死力道見鼃張腹而怒將有戰爭之氣即為之軾其士卒有問於王曰君何為敬鼃蟲而為之軾勾踐曰吾思士卒之怒久矣而未有

稱去聲吾意者今鼃蟲無知之物見敵而有怒氣故爲之軾於是軍士聞之莫不懷心樂死人致其命有司將軍大徇軍中曰隊各自令其部部各自令其士歸而不歸處而不處進而不進退而不退左而不左右而不右不如令者斬於是吳悉兵屯於江北越軍於江南越王中分其師以爲左右軍皆被兕甲爾雅兕似牛註一角青色皮堅厚可制鎧鎧即甲也周禮兕甲壽二百年又令安廣之人佩石碣之矢張盧生之弩躬率君子之軍六千人以爲中陣明日將戰於江

乃以黃昏令於左軍銜枚遡江而上五里以須吴兵復令於右軍銜枚踰江十里復須吴兵於夜半使左軍涉江鳴鼓中水以待吴發吴師聞之中大駭相謂曰今越軍分爲二師將以使攻我衆亦即以夜暗中分其師以圍越越王陰使左右軍與吴望戰以大鼓相聞潛伏其私卒六千人銜枚不鼓攻吴吴師大敗左傳載笠澤之戰夾水而陳吴之禦越越之敗吴大槩與此略同越之左右軍乃遂伐之大敗之於圍韋昭曰圍笠澤也史記正義吴地記皆曰笠澤松江之別名又敗之於郊又敗之於津如

是三戰三北徑至吳圍吳於西城吳王大懼夜

遁越王追奔攻吳兵入於江陽松陵吳地[illegible]西松江松陵[illegible]三此

故名欲入胥門來至六七里望吳南城見伍子胥

頭巨若車輪目若耀電鬚髮四張射於十里越

軍大懼留兵假道即日夜半暴風疾雨雷奔電

激飛石揚砂疾於弓弩越軍壞敗松陵卻退兵

士僵斃人衆分解莫能救止范蠡文種乃稽顙

肉袒拜謝子胥願乞假道子胥乃與種蠡夢曰

吾知越之必入吳矣故求置吾頭於南門以觀

汝之破吴也惟欲以窮夫差定汝入我之國吾心又不忍故爲風雨以還汝軍然越之伐吴自是天也吾安能止哉越如欲入更從東門我當爲汝開道貫城以通汝路於是越軍明日更從江出入海陽於三道之翟水乃穿東南隅以達越軍遂圍吴守一年吴師累敗左傳哀公二十年越圍吴吴爲勾踐二十二年哀公二十二年越滅吴吴爲勾踐二十四年蓋首尾三年也國語曰吾軍三年吴師自潰越世家亦曰留圍之三年吴師敗與左傳合此書繫其事於二十一年以爲圍守一年而滅吴誤也遂棲吴王於姑胥之山吴使王孫駱史記作公孫雄虞翻曰吴大夫國語作王孫雄韋昭曰王孫姓也肉袒膝行而前

請成於越王曰孤臣夫差敢布腹心異日得罪
於會稽夫差不敢逆命得與君王結成以歸今
君王舉兵而誅孤臣孤臣惟命是聽意者猶以
今日之姑胥曩日之會稽也若徼天之中（衷）得
赦其大辟則吳願長爲臣妾勾踐不忍其言將
許之成范蠡曰會稽之事天以越賜吳吳不取
今天以吳賜越越可逆命乎且君王早朝晏罷
切齒銘骨謀之二十餘年豈不緣一朝之事耶
今日得而棄之其計可乎天與不取還受其咎

君何忘會稽之厄乎勾踐曰吾欲聽子言不忍對其使者范蠡遂鳴鼓而進兵曰王已屬政於執事使者急去不時得罪吳使涕泣而去勾踐憐之使令入謂吳王曰吾置君於甬東給君夫婦三百餘家以沒王世可乎吳王辭曰天降禍於吳國不在前後正孤之身失滅宗廟社稷者吳之土地民臣越既有之孤老矣不能臣王遂伏劍自殺上卷夫差傳亦曰引劍而伏之死吳世家云自剄死越世家止言自殺按左傳曰吳王曰孤老矣焉能事君乃縊丘明春秋時人所聞當必不謬越絕曰越王與之劍使自圖之吳王乃旬日而自殺意者勾踐雖與之劍而夫差自以縊死耶勾踐

巳滅吳乃以兵北渡江淮與齊晉諸侯會于徐州索隱曰徐音舒徐州齊邑薛縣是也其字從人左氏作舒大事記解題曰徐州即舒州也史記正義曰音舒其字從人致貢於周周元王使人賜勾踐巳受命號去還江南以淮上地與楚歸吳所侵宋地與魯泗東方百里當是之時越兵橫行於江淮之上諸侯畢賀初學記引吳越春秋曰越王平吳後五賀臺於越此書無之亦闕文也越王還於吳當歸而問於范蠡曰何子言之其合於天范蠡曰此素女之道一言即合大王之事王問為爲當作焉實金匱之要在於上下越王曰善哉吾不稱王其

可悉乎蠡曰不可昔吳之稱王僭天子之號天
變於上日爲陰蝕今君遂僭號不歸恐天變復
見越王還遂於吳置酒文臺羣臣爲樂音洛乃命樂
音岳下同作伐吳之曲樂師曰臣聞即事作操去聲功
成作樂君王崇德誨化有道之國誅無義之人
復讎還恥威加諸侯受霸王之功功可象於圖
畫德可刻於金石聲可託於絃管名可留於竹
帛臣請引琴而鼓之遂作章暢辭曰屯乎今欲
伐吳可未耶大夫種蠡曰吳殺忠臣伍子胥今

不伐吳人（人當作又）何須大夫種進祝酒其辭曰皇天祐助我王受福良臣集謀我王之德宗廟輔政鬼神承翼君不忘臣臣盡其力上天蒼蒼不可掩塞觴酒二升萬福無極於是越王默然無言大夫種曰我王賢仁懷道抱德滅讎破吳不忘返國賞無所恡羣邪杜塞君臣同和福祐千億觴酒二升萬歲難極臺上羣臣大悅而笑越王面無喜色范蠡知勾踐愛壤土不惜羣臣之死以其謀成國定必復不須功而返國也故面

有憂色而不悦也范蠡從吴欲去恐勾踐未返
失人臣之義乃從入越行謂文種曰子來去矣
越王必將誅子種不然言蠡復爲書遺種曰吾
聞天有四時春生冬伐人有盛衰泰終必否知
進退存亡而不失其正惟賢人乎蠡雖不才明
知進退高鳥已散良弓將藏狡兎已盡良犬就
烹夫越王爲人長頸鳥喙鷹視狼步可與共患
難而不可共處樂可與履危不可與安子若不
去將害於子明矣文種不信其言越王陰謀范

蠡議欲去徼倖

二十四年九月丁未范蠡辭於王曰臣聞主憂臣勞主辱臣死義一也今臣事大王前則無滅未萌之端後則無救已傾之禍雖然臣終欲成君霸國故不辭一死一生臣竊自惟乃使於吳王之慚辱蠡所以不死者誠恐讒於太宰嚭成伍子胥之事故不敢前死且須臾而生夫恥辱之心不可以大（承上文而言則大當作久）流汗之愧不可以忍辜賴宗廟之神靈大王之威德以敗爲成斯湯武

克夏商而成王業者定功雪恥臣所以當席日
久臣請從斯辭矣越王惻然泣下霑衣言曰國
之士大夫是子國之人民是子使孤寄身託號
以俟命矣今子云去欲將逝矣是天之棄越而
喪孤也亦無所恃者矣孤竊有言公位乎（位當作住）
分國共之去乎妻子受戮范蠡曰臣聞君子俟
時計不數蹭謀死不被疑內不自欺臣旣逝矣
妻子何法乎王其勉之臣從此辭乃乘扁舟出
三江入五湖人莫知其所適范蠡旣去越王愀

然變色召大夫種曰蠡可追乎種曰不及也王
曰奈何種曰蠡去時陰畫六陽畫三日前之神
莫能制者玄武天空威行孰敢止者度天關涉
天梁後入天一前翳神光言之者死視之者狂
臣願大王勿復追也蠡終不還矣越王乃收其
妻子封百里之地有敢侵之者上天所殃於是
越王乃使良工鑄金象范蠡之形置之坐側朝
夕論政自是之後計硯佯狂大夫曳庸扶同皐
如之徒日益疏遠不親於朝大夫種內憂不朝

人或讒之於王曰文種棄宰相之位而令君王霸於諸侯今官不加增位不益封乃懷怨望之心憤發於內色變於外故不朝耳異日種諫曰臣所以在（在當作蚤）朝而晏罷若身疾作者但爲吳耳今已滅之王何憂乎越王默然時魯哀公患三桓欲因諸侯以伐之三桓亦患哀公之怒以故君臣作難（去聲）哀公奔陘三桓攻哀公公奔衛又奔越（哀公二十七年公如公孫有陘氏乃遂如越史記曰公如陘氏三桓攻公公奔于衛遂如越陘楚地也杜預曰有陘氏即有山氏）魯國空虛國人悲之來迎哀公與之俱歸

勾踐憂文種之不圖故不爲哀公伐三桓也
二十五年丙午平旦越王召相國大夫種而問
之吾聞知人易自知難其知相國何如人也種
曰哀哉大王知臣勇也不知臣仁也知臣忠也
不知臣信也臣誠數[illegible]以損聲色滅淫樂奇說
怪論盡言竭忠以犯大王逆心咈耳必以獲罪
臣非敢愛死不言言而後死昔子胥於吳矣夫
差之誅也謂臣曰狡兔死良犬烹敵國滅謀臣
亡范蠡亦有斯言何大王問犯玉門之第八臣

見王志也越王默然不應大夫亦罷哺其耳以
成人惡大溲其妻曰君賊一國之相少王祿乎臨
食不亨亨當作享哺以惡何句妻子在側匹夫之能
自致相國尚何望哉無乃為貪乎何其志忽忽
若斯種曰悲哉子不知也吾王既免於患難雪
恥於吳我悉徙宅自投死亡之地盡九術之謀
於彼為佞在君為忠王不察也乃曰知人易自
知難吾答之又無他語是凶妖之證也吾將復
入恐不再還與子長訣相求於玄冥之下妻曰

何以知之種曰吾見王時正犯玉門之第八也辰剋其日上賊於下是爲亂醜必害其良今日剋其辰上賊下止吾命須臾之間耳越王復召相國謂曰子有陰謀兵法傾敵取國九術之策今用三已破彊吳其六尚在子所願幸以餘術爲孤前王於地下謀吳之前人於是種仰天歎曰嗟乎吾聞大恩不報大功不還其謂斯乎吾悔不隨范蠡之謀乃爲越王所戮吾不食善言故哺以人惡越王遂賜文種屬盧（盧當作鏤）之劍種

得劍又歎曰南陽之宰而爲越王之擒自笑曰後百世之末忠臣必以吾爲喻矣遂伏劍而死徐天祜曰勾踐臏囚虜之辱苦身勞思苦其心謀報吳者二十餘年卒以越霸諸臣雖與有力而種蠡之功居多蠡見幾而作可謂明哲矣種之死也無罪而越王誅之忠無名其辭乃曰吾以餘術爲越謀前王於地下謀吳之前人是何言歟今之死者有知謂之地下何益死者無知焉用謀之王夫大功不賞而深刑以報此種所以仰天而歎又自笑也越王葬種於國之西山即臥龍山又名種山一曰重山太平御覽曰種山之名因大夫種以語訛成重也樓船之卒三千餘人造鼎足之羨周禮冢人立隧註羨道也隧曰天子有隧諸侯已下有羨道史衛世家共伯入釐侯羨索隱曰羨音延羨墓道又以戰切始皇紀曰大事畢閉中羨下外羨上巷夫葬傳羨門當亦與此同義或入三峯之下葬一年伍子胥從海上穿山脅而持種去與之俱

浮於海故前潮水潘候者伍子胥也後重水

大夫種也越王既已誅忠臣霸於關東從瑯琊

起觀去聲臺周七里以望東海死士八千人戈船

三百艘居無幾射求賢士孔子聞之從弟子奉

先王雅琴禮樂奏於越越王乃被唐夷之甲卷上

王僚傳被棠銕之甲帶步光之劍杖屈盧之矛典略曰周有屈盧之矛說文矛酋矛也建於兵車長二丈周禮酋矛長常有四尺蓋十六尺爲常益四尺則二丈也出死士以三百人爲

陣關下孔子有頃到越王曰唯唯夫子何以教

之孔子曰丘能述五帝三王之道故奏雅琴以

獻之大王（徐天祜曰越滅吳天之明年大夫種賜劍以死是爲勾踐二十五年即魯哀公二十三年也此書謂已誅忠臣居無幾求賢士孔子聞之奏雅琴禮樂奏於越皆是年事也竊獨以爲不然昔者夫子將見趙簡子聞竇鳴犢舜華之死臨河而不濟爲其殺賢大夫而諱傷其類也至作爲陬操以哀之文種非賢大夫歟使夫子尚在聞種之死愚知其亦不入越也而況奏雅琴以干時君乎按春秋哀公十六年夏四月書孔丘卒由文種之死上距夫子之卒已八年矣謂夫子以是年入越非也）越王喟然歎曰越性脆而愚水行山處以船爲車以楫爲馬往若飄然去則難從悅兵敢死越之常也夫子何說而欲教之孔子不答因辭而去越王使人如木客山取元常之喪（木客山去會稽縣十五里越絕曰木客大冢者允常冢也）欲徙葬琅邪三穿元常之墓墓中生熛風（熛火飛貌風[illegible][illegible]火飛也）

飛砂石以射人人莫能入（水經註冢中分風飛沙射人不得近）勾踐曰吾前君其不從乎遂置而去勾踐乃使使號令齊楚秦晉皆輔周室血盟而去秦桓公不如越王之命（按史年表勾踐二十五年是爲秦厲共公六年此書謂秦桓公不如越王之命非也由勾踐二十五年上距秦桓公之卒蓋一百有六年矣桓公當作厲共公云）勾踐乃選吳越將士西渡河以攻秦軍士苦之會秦怖懼逆自引咎越乃還軍軍人悅樂遂作河梁之詩曰渡河梁兮渡河梁舉兵所伐攻秦王孟冬十月多雪霜隆寒道路誠難當陣兵未濟秦師降諸侯怖懼皆恐惶聲

傳海內威遠邦稱霸穆桓齊楚莊天下安寧壽
考長悲去歸兮何無梁自越滅吳中國皆畏之
二十六年越王以邾子無道而執以歸立其太
子何冬魯哀公以三桓之逼來奔越王欲為伐
三桓以諸侯大夫不用命故不果耳
二十七年冬勾踐寢疾將卒（通鑑外紀勾踐三十三年薨）謂太
子興夷曰吾自禹之後承元常之德蒙天靈之
祐神祇之福從窮越之地籍楚之前鋒以摧吳
王之干戈跨江涉淮從晉齊之地功德巍巍自

致於斯其可不誡乎夫霸者之後難以久立其
愼之哉遂卒輿夷即位一年卒子翁翁卒子不
揚不揚卒子無彊彊卒子玉玉卒子尊尊卒子
親自句踐至于親其歷八主皆稱霸積年二百
二十四年親衆皆失而去琅邪徙於吴矣自黄
帝至少康十世自禹受禪至少康即位六世爲
一百四十四年少康去顓頊即位四百二十四
年

黄帝 昌意 顓頊 鯀 禹 啓

太康　仲盧　相　少康　無余

無王去無余十世　無睥　夫康　元常

勾踐　興夷　不壽　不揚　無彊

魯穆柳有幽公爲名　王侯自稱爲君

尊親失琅邪爲楚所滅勾踐至王親歷八主格稱

霸二百二十四年從無余越國始封至餘（格當作稱）

善返越國空滅凡一千九百二十二年此書載越世次自勾踐五傳至王無彊以世家考之則七世矣無彊王之侯之子所謂王侯自稱爲君或者即王之侯也世家四王無彊時楚威王興兵大敗越殺無彊盡取越地越以此散徐廣曰周顯王四十六年今自勾踐卒至無彊凡一百五十三年通鑑書之顯王三十五年此云勾踐至王親歷八

王親衆也一百二十四年親衆皆失去琅邪徙於吳爲楚所滅與史世家及紀年皆不合若如世家所載則無彊之死衆散久矣非王親時失衆亡國也又紀年曰王翳三十三年遷于吳則越之徙吳已久亦非王親時也

吳越春秋勾踐伐吳外傳第十

大德十年歲在丙午三月音註

越六月書成刊板十二月畢工

前國子監書庫官徐 天祐 音註

紹興路儒學學錄留 堅

紹興路儒學學正陳 昺伯

紹興路儒學教授梁 相

正議大夫紹興路總管提調學校官劉 克昌

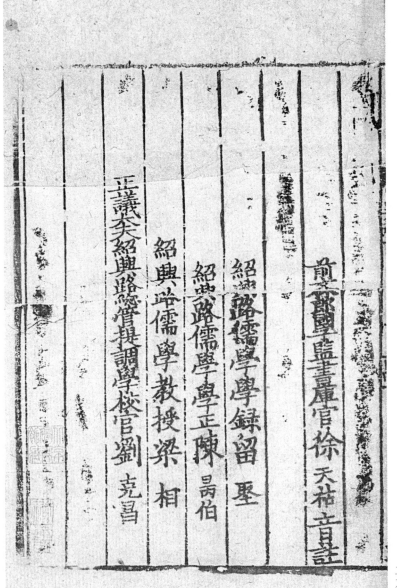